Z ^{anc} 2501
M. 2.

à conserver

DU
COMMERCE FRANÇAIS

DANS

L'ÉTAT ACTUEL DE L'EUROPE.

DE L'IMPRIMERIE DE L. HAUSSMANN,
RUE DE LA HARPE, N°. 80.

DU

COMMERCE FRANÇAIS

DANS

L'ÉTAT ACTUEL DE L'EUROPE,

OU

Observations sur le Commerce de la France
en Italie, dans le Levant, en Russie, dans
la Mer-Noire;

Et sur la destinée commerciale des contrées de l'Italie
nouvellement réunies à l'Empire français, ainsi que
sur les améliorations dont elles sont susceptibles;

Par J. B. DUBOIS.

Le monde se met de temps en temps dans des situations
qui changent le commerce.
Montesquieu, *Esprit des Lois*, liv. XXI, ch. 4.

PARIS,

Potey, libraire, rue du Bac, n°. 46, près la rue
S. Dominique.

1806.

INTRODUCTION.

§ PREMIER.

Idées générales sur le Commerce.

Le Commerce n'est pas bien défini pour tout le monde. Ceux qui s'imaginent qu'il est étranger à l'administration, et que le Gouvernement ne doit s'en occuper que pour le protéger, ne le connoissent que par ses effets-immédiats, ne voient que ce qu'il est entre les mains du négociant, n'aperçoivent point ce qu'il est pour l'administration qui existe, sans doute, pour le protéger, mais qui doit aussi le diriger.

Telle est la cause des méprises multipliées qui ont été faites lorsqu'on a disputé sur le commerce; telle est la cause dés contradictions sans nombre de quelques-uns des livres qui en traitent.

Il faut, à la vérité, connoître la pratique du commerçant, pour parler du commerce d'une manière qui lui soit utile ; mais cette connoissance seule ne suffit pas pour apprécier le commerce dans ses rapports avec l'Etat. Elle peut même servir, pour celui qui n'en a pas d'autre, à cacher des vérités utiles, parce qu'alors il n'aperçoit que ce qui sert l'intérêt particulier.

Mais quand on a médité sur le petit nombre de principes dont l'observation rend le commerce utile à l'Etat, on sent aisément la nécessité de le diriger, de ralentir ou de presser ses mouvemens, d'éclairer sa marche. Il ne s'agit point de le charger de liens incommodes, de l'assujettir à des règles variées qui gênent toutes ses opérations, de lui ôter cette liberté et cette indépendance qui assurent sa prospérité.

On a souvent dit que le commerçant étoit naturellement égoïste, et c'est une vérité de fait, mais qui n'existe que lorsque le commerçant n'est point éclairé, lorsqu'il n'a pour règle de conduite que son intérêt particulier, lorsque le gouvernement, caché comme la providence, ne s'occupe pas des moyens de le diriger, sans qu'il s'en aperçoive.

Que peut-on exiger d'un homme qui n'a acquis que la pratique du commerce auquel il s'est destiné, qui croit tout savoir lorsqu'il en connoît les dangers et les ressources, lorsqu'il met dans ses opérations l'ordre et la prudence qu'on peut y désirer? Il est évident que s'il parvient à éviter des pertes, ou à couvrir promptement celles qu'il éprouve; si le calcul habituel de son *avoir* et de son *de-voir* le rassure tous les jours davanta-ge, s'il y trouve des bénéfices con-sidérables qu'il ait obtenus par les formes ordinaires du commerce, en mettant de la loyauté dans ses opéra-tions, il croira qu'il ne lui reste plus rien à faire ni à connoître, et que ce-lui qui contrarieroit sa marche seroit bien coupable.

Il n'examine pas plus quelle est la nature des objets qui lui ont procuré ses bénéfices, et leurs rapports avec le bien général, qu'il ne s'inquiète des méprises ou des accidens qui arrivent à ses confrères toutes les fois qu'il n'y est pas intéressé. Sur le premier point, il ne conçoit pas qu'il puisse y avoir des opérations qui lui soient utiles, et en même-temps nuisibles à l'Etat. Sur le second, il ne craint pas de profiter de ces méprises et de ces accidens, parce qu'il sait que les autres profiteroient sans scrupule des malheurs qui lui arriveroient ou des erreurs qu'il pourroit commettre (1).

C'est ainsi que j'ai vu des négocians, honnétes et estimables d'ailleurs, jouissant du plus grand crédit, demander la permission d'exporter des matières premières déjà trop rares pour nos fabriques, et que cette exportation auroit rendues encore plus rares. Ils ne faisoient point ce calcul : ils voyoient un grand bénéfice dans l'opération, et cela leur suffisoit.

Il est probable que, s'ils eussent été plus éclairés sur les dangers qu'elle

(1) « L'esprit de commerce produit dans » les hommes un certain sentiment de jus- » tice exacte, opposée, d'un côté, au bri- » gandage ; et de l'autre, à ces vertus mora- » les qui font qu'on ne discute pas toujours » ses intérêts avec rigidité , et qu'on peut » les négliger pour ceux des autres ».
Montesquieu.

entraînoit, s'ils eussent connu l'état des fabriques qui réclamoient ces matières, et la perte qui retomboit sur tout le commerce, ils auroient renoncé à leurs demandes, où ils auroient été embarrassés de les faire.

Cela est si vrai, que j'ai observé plus d'une fois que ces demandes n'étoient faites au gouvernement que par les négocians des places où il n'y avoit ni fabriques ni manufactures, ou du moins du genre de celles auxquelles la matière première dont ils demandoient l'exportation étoit nécessaire.

Je pense donc que le commerçant n'est égoïste que par défaut de lumières, et j'en conclus qu'on ne sauroit trop l'éclairer sur la liaison de ses véritables intérêts aux intérêts de sa patrie.

Mais quand je parle de la nécessité d'éclairer le commerce, je ne prétends point que ce principe soit applicable à ceux qui usurpent le nom de négocians ou auxquels on l'accorde gratuitement, parce que les circonstances les ont engagés dans quelques spéculations heureuses. Ils ne veulent point être éclairés, mais enrichis, ces enfans gâtés de la fortune et de l'imprudence, qui n'ont appris le commerce qu'à l'école de la cupidité, et qui amassent des richesses scandaleuses aux dépens de tous les principes. Ils méritent aussi peu le nom de négocians, et ils n'en remplissent pas plus les fonctions, qu'un banquier de jeux de hasard, qui fonde ses bénéfices sur les malheurs d'autrui.

Tels sont ces prétendus hommes d'affaires, qui n'ont d'autre commerce que le jeu sur les effets publics; ces accapareurs de profession qui épient les moyens de se rendre maîtres d'un objet de première nécessité, pour

doubler ou tripler leurs avances aux
dépens du peuple ; ces capitalistes
d'un jour qui placent et déplacent
pour quelques instans leurs capitaux,
et qui veulent, outre un intérêt usu-
raire, avoir encore des nantissemens.

. De pareils hommes, de quelque
nom qu'ils se décorent, sont les fléaux
du commerce, et il ne peut exister de
commerce partout où ils se multiplient.
Les orages de la révolution ont fait
naître des myriades de ces vampires
de la fortune publique ; l'astre puissant qui a ramené la lumière et le
calme les fera disparoître, en ouvrant
toutes les sources du commerce, et
en éclairant les véritables négocians.

. C'est à eux qu'il faut répéter que
le commerce est le lien des nations ;
qu'ils sont les conservateurs de la
paix et de la morale universelle (1) ;

(1) « Le commerce guérit des préjugés
» destructeurs, et c'est presque une règle gé-

qu'ils doivent se regarder, en quelque sorte, comme les ministres de la prospérité, de la gloire et de la puissance de leur pays; qu'il ne leur suffit pas, pour répondre à de si hautes destinées, de suivre les calculs de leur intérêt particulier ; qu'ils doivent encore s'instruire de tout ce qui peut influer sur la fortune de l'état auquel ils appartiennent.

» nérale, que, partout où il y a des mœurs
» douces, il y a du commerce ; et que partout
» où il y a du commerce, il y a des mœurs dou-
» ces.... Le commerce a fait que la connois-
» sance des mœurs de toutes les nations a pé-
» nétré partout : on les a comparées entr'elles,
» et il en a résulté de grands biens.

» On peut dire que les lois du commerce
» perfectionnent les mœurs, par la même rai-
» son que ces mêmes lois perdent les mœurs.
» Le commerce corrompt les mœurs pures :
» c'étoit le sujet des plaintes de *Platon :* il polit
» et adoucit les mœurs barbares, comme nous
» le voyons tous les jours ». *Montesquieu.*

· · Ces méditations utiles, cette vigilance continuelle et éclairée, la solution du problème de la liaison de l'intérêt public avec l'intérêt particulier, ne sont possibles aujourd'hui que pour un bien petit nombre de négocians, parce que, depuis nombre d'années, on a négligé l'instruction et l'encouragement de cette classe intéressante de citoyens. Mais les négocians qui réalisoient l'opinion relevée qu'on doit avoir de leur existence et de leurs services, étoient assez nombreux autrefois. Il en est encore quelques-uns dans nos places de commerce et dans nos villes manufacturières, et ils se multiplieront bientôt, si le gouvernement saisit tous les moyens de les encourager et de les éclairer.

Il y parviendra facilement, en récompensant, par des honneurs qui ne les détourneront pas de leur carrière, ou par des primes qui, sans être à charge à l'Etat, consolideront leurs spéculations, les négocians qui se distingueront par leur zèle et leurs services. Il y parviendra, en répandant l'instruction sur les objets de commerce, en utilisant les Chambres de commerce autant qu'elles pourroient l'être, en favorisant les établissemens qui peuvent former les négocians, en accueillant les travaux destinés à répandre quelques lumières sur leurs opérations.

Je ne placerai point au rang de ces travaux les ouvrages purement systématiques, qui ne peuvent être étudiés que par des savans. Quelques-uns ont pu contribuer à l'avancement des connoissances, ne fût-ce même qu'en occasionnant la discussion de matières importantes et trop négligées : mais je ne recommande ici que ces ouvrages uniquement fondés sur les faits, la pratique et l'expérience, qui sont faciles à entendre, et immédiatement utiles pour le négociant, que des calculs persuaderont toujours mieux que des raisonnemens abstraits.

Il en a paru plusieurs de ce genre, depuis quelques années. Tels sont le livre *de la Balance du commerce*, par M. *Arnould* ; le *Dictionnaire de géographie commerciale* et la *Bibliothèque commerciale*, par M. *Peuchet* ; sa traduction du livre *du Commerce des neutres* ; le *Tableau du commerce de la Grèce*, par M. *Félix Beaujour* ; le Mémoire de M. *Garonne*, sur *le commerce de l'Inde*, le *Dictionnaire universel de commerce*, etc., etc. Ce sont de pareils ouvrages qu'il faut multiplier et favoriser, et leur succès est l'augure le plus heureux des progrès qu'on doit attendre du commerce.

Je suis bien éloigné, je le répète,

de rejeter ces livres à systèmes qui ne sont composés que de discussions métaphysiques et abstraites : j'honore les auteurs qui les ont publiés, et ils ont aussi leur genre d'utilité ; mais cette utilité est nulle pour le commerce, et il faudroit renoncer à avoir des commerçans éclairés, s'ils ne pouvoient l'être que de cette manière.

Il est, sans doute, quelques principes qu'on doit inculquer à ceux qui se préparent à suivre la carrière du commerce, et que le gouvernement ne peut jamais perdre de vue : mais ces principes sont peu nombreux et à la portée de tout le monde.

Il n'est personne qui ne comprenne que le commerce n'est autre chose qu'un échange de ce qu'on a, pour avoir ce qu'on n'a pas, ou ce qu'on n'a pas en quantité suffisante ;

Que cet échange est d'autant plus utile et à la nation pour laquelle il

se fait, et au particulier qui le fait,
que ce qu'il reçoit est plus nécessaire,
et ce qu'il donne plus superflu;

Que, chez une nation industrieuse,
les matières premières sont toujours
un objet nécessaire;

Que conséquemment c'est toujours
une mauvaise spéculation d'en faire
sortir des matières premières lorsqu'elles sont susceptibles d'y acquérir
une plus grande valeur par l'industrie
nationale, et que cette opération ne
peut être utile qu'aux nations encore
peu industrieuses, et dépourvues
d'une population proportionnée à leur
territoire, qui ont un superflu de
matières premières dont elles ne feroient aucun usage;

Que l'extraction des matières premières étrangères est toujours une
excellente spéculation pour les nations industrieuses et peuplées, lors
même que leur valeur surpasseroit

celle des produits de l'industrie, qu'elle donneroit d'abord en échange, parce qu'en définitif la balance se rétablit promptement par l'effet de l'industrie qui augmente leur valeur jusqu'à la décupler quelquefois, et qui, les acquérant à plus bas prix, augmente la consommation de ses produits, sans en diminuer la perfection ;

Que les matières premières sont le fondement de toute espèce de commerce ;

Que la nation qui en a le plus, et qui y joint l'activité de l'industrie, devient nécessairement la plus riche et la plus puissante des nations ;

Que celle qui n'a que des matières premières, a un commerce plus solide que celle qui n'auroit qu'une population industrieuse et un sol ingrat ;

Que l'agriculture, donnant presque toutes les matières premières, et

son activité augmentant, en même
temps la population ; doit être soutenue et encouragée, quand on veut
s'assurer les avantages d'un grand
commerce ;

Que toute nation qui n'est point
agricole et manufacturière doit céder
à la fin, toutes proportions observées,
à une nation qui réunit ces bases de
prospérité ;

Qu'il est possible, avec une grande
population et une activité continuelle,
de s'assurer le seul bénéfice réel du
commerce, le prix des transports ;
mais que cet état ne peut être que
précaire, et dépend de l'apathie, de
l'impuissance ou de l'ignorance des
nations auxquelles on l'enlève ;

Que le meilleur de tous les commerces (c'est-à-dire, les objets d'é-
change les plus utiles à la nation qui
les donne) est celui des objets industriels de première nécessité ;

Que le commerce doit être libre et indépendant, dans le même sens que les propriétaires le sont ;

Que les commerçans, comme les propriétaires, doivent être assujettis à des lois qui ne leur permettent pas d'user de leurs propriétés, au détriment du bien général ;

Qu'en conséquence certains objets de commerce ne peuvent être abandonnés aux spéculations de l'intérêt personnel ;

Que le gouvernement seul, qui ne peut avoir d'autre intérêt que le bien public, qui seul a les connoissances nécessaires pour juger de ce qu'il exige, peut être le régulateur du commerce extérieur ;

Que le gouvernement connoît une infinité de rapports qui échappent aux particuliers; qu'il a les yeux continuellement ouverts sur l'exécution des traités de commerce; qu'il peut

en projeter sans qu'on s'en doute ;
qu'il peut seul apercevoir la possibilité de la guerre, comme celle de la
paix, et les ménagemens ou les précautions que les raisons d'état doivent
conseiller ;

Que la guerre et les traités entre
les nations civilisées, n'existent que
pour le commerce ;

Qu'il faudroit ne pas connoître les
hommes, pour supposer qu'il n'est
aucun négociant qui sacrifiât, dans
une circonstance donnée, l'intérêt
général à son intérêt particulier ;

Qu'une liberté indéfinie du commerce extérieur, est une chimère qui
ne peut pas plus se réaliser que la
paix universelle (1);

(1) Qu'il me soit permis de rapporter ici l'un
des chapitres les plus courts, les plus clairs et
les plus décisifs de l'immortel auteur de l'*Esprit des Lois* : « La liberté du commerce, dit-
» il, n'est pas une faculté accordée aux négo-

. . Qué celle du commerce-intérieur doit être plus entière, parce qu'elle a des avantages réels et peu d'incon-véniens;

. Que cependant il peut y avoir des cas où, pour le bien de tous, on soit forcé de faire des exceptions et de causer quelque gêne.

» cians de faire ce qu'ils veulent : ce seroit
» bien plutôt sa servitude. Ce qui gêne le com-
» merçant, ne gêne pas pour cela le commer-
» ce. C'est dans les pays de la liberté que le né-
» gociant trouve des contradictions sans nom-
» bre; et il n'est jamais moins croisé par les
» lois, que dans les pays de la servitude.

. . » L'Angleterre défend de faire sortir ses
» laines; elle veut que le charbon soit trans-
» porté par mer dans la capitale; elle ne
» permet point la sortie de ses chevaux, s'ils
» ne sont coupés; les vaisseaux de ses colo-
» nies qui commercent en Europe doivent
» mouiller en Angleterre. Elle gêne le né-
» gociant, mais c'est en faveur du com-
» merce ».

Tous ces principes sont clairs, et n'ont pas besoin de démonstrations pour ceux qui sont accoutumés à réfléchir. Mais les négocians auxquels ils sont familiers, ont besoin d'être avertis souvent des variations que peut éprouver le commerce, et qu'il éprouve réellement beaucoup plus souvent qu'on ne croit. Il n'en est aucun qui ne donne à ses correspondans et qui n'en reçoive des avis qui y soient relatifs : mais ces avis sont presque toujours bornés au genre de commerce qu'ils exercent, et ils ne doivent inspirer qu'une confiance très-légère, parce qu'ils ne sont vrais que sur un point, et qu'ils peuvent ne pas être exacts pour tous les autres. Ce qui est particulièrement nécessaire aux commerçans, c'est la connoissance positive de ce qui se passe à la fois sur tous les lieux, pour l'objet spécial du commerce qu'ils exercent;

c'est la situation exacte des différentes branches du commerce national, parce qu'elles ont toutes de l'influence les unes sur les autres ; c'est l'aperçu de l'état passé comparé à l'état présent, des causes de décadence et de prospérité, des espérances qu'on peut concevoir pour l'avenir, des moyens de les réaliser.

§ II.

Aperçu de l'état actuel de l'Europe, sous le point de vue qui peut intéresser le commerce.

S'il est nécessaire d'éclairer le commerce sur les variations habituelles que les circonstances apportent à sa situation, il est encore plus indispensable d'attirer ses regards sur les grandes révolutions politiques qui peuvent entièrement changer sa direction. C'est alors qu'il doit oublier

son ancienne routine, s'accoutumer
à parcourir les routes nouvelles qui
lui sont ouvertes, et ne profiter de
l'expérience qu'il a acquise, que pour
éviter des fautes et assurer ses progrès.

Une révolution politique, qui n'est
peut-être pas aperçue par les négocians peu habitués à réfléchir, mais
qui est peut-être aussi importante
pour le commerce que la découverte
du Nouveau-Monde, vient de s'opérer et se perfectionne tous les jours
par un de ces génies rares que la
Providence envoie, à des intervalles
distans de plusieurs siècles, pour rétablir la paix parmi les hommes et
servir toutes les nations.

Charlemagne avoit fait de la France
un point central auquel aboutissoient
tous les mouvemens de l'Europe, et
l'Europe entière rendoit hommage à
la puissance, aux mœurs et aux grands
hommes de la France. Cette espèce

de dictature, si utile à la partie du monde que nous habitons, ne fut jamais entièrement abandonnée par les successeurs de ce monarque, et elle a presque toujours existé dans l'opinion : mais elle s'est ressentie des différentes révolutions que la France a éprouvées dans son intérieur, des erreurs, de l'insouciance, des vices et de la différence des talens de ceux qui étoient appelés à l'exercer.

La découverte du Nouveau-Monde lui porta la plus funeste atteinte, quoiqu'elle ouvrît à la France de nouveaux moyens de puissance, de nouvelles sources de richesses. Les progrès successifs que le commerce dut à cette découverte, favorisèrent l'ambition d'une nation du second rang dans l'ordre politique, qui, comme le dit Montesquieu, a su se prévaloir de trois grandes choses, la religion, le commerce et la liberté.

Elle est aussi parvenue à acquérir
en Europe une espèce de dictature
dont la mer est le théâtre, et dont
l'existence est une source de guerres
et de divisions pour l'univers entier.

L'histoire de ses querelles avec la
France est devenue l'histoire de l'Europe, et aucune des deux nations ne
pouvoit commettre un acte d'hostilité
sans mettre en feu les deux mondes.
Elles étoient parvenues au point de
ne pouvoir envisager la paix que
comme un accident heureux.

La France, puissante par elle-même,
par son agriculture, par sa population, par son industrie, cherchoit des
alliés parmi les puissances maritimes;
l'Angleterre, riche et puissante par
le commerce, beaucoup moins étendue, moins fertile et moins populeuse,
recherchoit, au contraire, des alliances continentales, soit pour suppléer
aux forces que lui refusoit sa popu-

lation, soit pour opérer des diversions qui pussent la dispenser d'en opposer de si grandes à son ennemie, ou la préserver de ses attaques dircctes.

La France faisoit céder trop souvent les intérêts de son commerce à des intérêts politiques ; l'Angleterre faisoit toujours céder les intérêts politiques, et même les principes les plus sacrés aux intérêts de son commerce.

Cette lutte perpétuelle ensanglantoit l'Europe, ne permettoit pas aux peuples épuisés de développer leur industrie, de profiter des avantages qu'ils tenoient de la nature et de leur position, étouffoit dans leur naissance les améliorations entreprises pour leur bonheur, et entravoit tout autre commerce que celui de l'Angleterre.

Le génie, sauveur de la France, a conçu la grande et sublime pensée de délivrer l'Europe de cette injuste ty-

rannie, et il l'a exécutée. « Nous avons
» été » (*Message de S. M. l'Empereur
et Roi au Sénat,* en date du 30 mars
1806) « principalement guidés par la
» grande pensée de consolider l'ordre
» social et notre trône qui en est le
» fondement et la base, et de donner
» des centres de correspondance et
» d'appui à ce grand empire. Elle se
» rattache à nos pensées les plus chè-
» res, à celle à laquelle nous avons dé-
» voué notre vie entière, la grandeur
» et la prospérité de nos peuples ».

Maintenant, la politique déloyale
et astucieuse du gouvernement anglais
se traînera inutilement dans les routes
battues des coalitions continentales;
inutilement elle a payé des crimes
avec l'or de l'Inde qu'elle dévaste et
opprime. NAPOLÉON a fixé le terme
de sa tyrannie maritime et commerciale. Il a dessillé les yeux des alliés
qu'elle avoit achetés.

En vàin l'histoire offroit - elle au ministère anglais le flambeau de l'expérience ; il n'a pu s'opposer avec fruit à la formation et au développement de ce beau système fédératif que le génie de la France établit sur des bases impérissables , en même temps qu'il donne à la marine de l'Empire une force et une consistance propres à inquiéter les usurpateurs de la domination des mers.

Qu'on se rappelle l'origine et les progrès de cette ligue hanséatique qui, pendant plus de quatre siècles, occupa l'Europe de sa puissance et de ses richesses. Le système fédératif seul maintint son existence, et le commerce en étoit le but. C'est par ce moyen qu'elle parvint à imposer des lois aux monarchies les plus redoutables de l'Europe, ou à exiger des priviléges immenses de ceux qui n'osoient la combattre. Les archives anglaises sont

remplies de concessions de ce genre
en faveur de la ligue qui n'étoit pas
aussi bien traitée en France.

Ce n'étoit cependant que l'accord
de quelques villes dispersées sur différens points, à la tête desquelles se
plaçoient les villes maritimes, qui se
gouvernoient chacune par des lois
particulières, et qui n'étoient étroite-
ment unies que pour leur défense
commune. Mais cette union étoit en
quelque sorte indestructible, et la plus
petite comme la plus importante de
ces villes, ne pouvoit être détournée
par aucune considération, de l'exécution des projets arrêtés par l'as-
semblée de leurs députés. Toutes, sans
exception, n'avoient d'autre but que
de maintenir l'étendue et la liberté
de leur commerce.

On connoît les extrémités auxquelles
elles réduisirent l'orgueilleux *Walde-
mar*, qui répondit d'abord par des

railleries à leurs déclarations de guerre. Il comprit bientôt qu'elles n'étoient point un ennemi si méprisable, et il essaya de détacher de la ligue les villes des côtes de la Poméranie et de la Prusse, qui lui firent cette réponse remarquable : *La ligue hanséatique ayant résolu la guerre, les villes des côtes de la Poméranie et de la Prusse doivent se soumettre à cette résolution générale qui les oblige toutes.*

Si quelques villes isolées et confusément répandues sur la surface de l'Europe, sans autres moyens qu'une volonté ferme et des richesses, se maintinrent pendant si long-temps à un tel degré de puissance, malgré la différence de leur constitution politique, les vices plus ou moins nombreux de cette constitution, l'éloignement où elles étoient les unes des autres, leurs dissensions intestines qui pouvoient les détourner du but de

l'association, que ne doit-on pas attendre, dans un siècle de lumières,
d'une ligue des états les plus puissans
de l'Europe, tous soumis à la même
espèce de gouvernement, tous ayant
le même but et le même intérêt, tous
voisins, tous rapprochés par les liens
de la nature et de la politique?

Tels sont cependant les états fédé-
ratifs qui composent une grande partie de l'Europe, et qui suivront l'impulsion miraculeuse de *Napoléon*.

Il leur a dit, comme *Cicéron* : « Je
» n'aime point qu'un même peuple
» soit en même temps le dominateur
» et le facteur de l'Univers. *Nolo*
» *eumdem populum imperatorem et*
» *portitorem esse terrarum.* Réunissez-
» vous à moi pour conquérir la liber-
» té du commerce des nations; ré-
» primons les efforts de ces ambitieux
» insulaires qui se sont élevé une puis-
» sance colossale, fondée sur la foi-

» blesse et l'aveuglement de vos pré-
» décesseurs et des miens.

» Qu'ils se maintiennent désormais
» dans les bornes que leur fixe la na-
» ture de leur sol et de leur indus-
» trie ; qu'ils se contentent de leur lé-
» gitime commerciale, sans prétendre
» charger de fers le commerce des
» peuples dont le sol est plus riche
» que le leur, et l'industrie non moins
» active.

» Peut-il y avoir un but plus no-
» ble et plus utile ? c'est l'intérêt de
» vos sujets; c'est celui de votre puis-
» sance et de votre tranquillité; c'est
» celui de votre gloire.

» La guerre est un jeu cruel, qui
» détruit et ruine les Empires; le
» commerce, l'industrie et l'agricul-
» ture les font prospérer : renonçons
» à l'esprit de conquête qui est celui
» des peuples barbares, pour nous
» livrer à l'esprit de conservation qui

» consolidera notre autorité et le bon-
» heur de ceux qui nous sont soumis ;
» adoptons tous les moyens de faire
» fleurir l'agriculture, l'industrie et
» le commerce , et d'éloigner le fléau
» de la guerre : unissons-nous pour
» être plus forts.

» Je commande à la première na-
» tion du monde , dont l'existence
» peut être indépendante des événe-
» mens. La nature a tellement enrichi
» de ses dons le sol qu'elle habite ; les
» arts y sont à un tel degré de per-
» fection , et sa population est si con-
» sidérable, qu'elle pourroit presque
» se passer du secours de toutes les
» les autres ; mais elle est trop géné-
» reuse pour ne pas embrasser avec
» enthousiasme tout ce qui peut ten-
» dre au bien universel de l'Europe,
» et trop grande pour chercher à bles-
» ser vos intérêts.

» Si l'Europe est presque conti-

» nuellement en guerre, l'Angleterre
» seule en est la cause, et toutes les
» guerres de l'Europe n'ont eu jus-
» qu'à présent d'autre objet que l'a-
» grandissement de son commerce et
» l'affermissement de sa domination
» maritime. Ce colosse à pieds d'ar-
» gile s'écroulera bientôt, si vous
» paralysez son commerce, source
» unique de sa force. Mettez - vous
» donc en situation d'y parvenir;
» faites cause commune avec la Fran-
» ce, qui n'a aucun intérêt de s'a-
» grandir, et qui n'a besoin que de
» la liberté du commerce commune
» aux autres nations, pour avoir tous
» les avantages qu'elle peut attendre.
» Augmentez, s'il le faut, l'étendue
» de votre territoire, rapprochez les
» pays soumis à votre domination,
» afin d'augmenter votre force de
» résistance ; je vous prêterai mon
» secours pour un but si nécessaire,

3

» je vous aiderai à faire disparoître
» ces petites souverainetés qui mor-
» celoient certaines parties de l'Eu-
» rope, et les ruinoient en les affoi-
» blissant. C'est alors, et alors seule-
» ment, qu'il y aura une véritable
» balance politique, et qu'on pourra
» espérer de conquérir la paix pour
» long-temps ».

En effet, non-seulement NAPOLÉON
donne à l'Europe, par ses vastes
conceptions, la réalité de cette balance politique qui, jusqu'à présent,
n'avoit été qu'illusoire, et il remet
ainsi l'Angleterre à la place qu'elle
doit y occuper; mais encore il a semé
les germes d'une paix durable, et
c'est, pour le commerce, le premier
de tous les bienfaits.

Plus cette idée est consolante pour
les négocians auxquels elle permet de
se livrer avec confiance à leurs spéculations, plus il est important de la

leur développer et de les convaincre que *leurs* espérances ne peuvent pas être trompées.

Je m'abstiendrai des détails qu'une discussion purement politique exige-roit peut-être, et je me bornerai, en jetant un coup-d'œil sur la situation de l'Europe, à ce qui peut rassurer le commerce, l'éclairer sur l'avenir, et augmenter son émulation.

L'esprit de conquête est la perte du commerce. Il est des nations qui ne peuvent en avoir un autre, à cause de leur position, qui les excite cons-tamment à s'étendre; il en est d'autres qui, n'ayant plus rien à acquérir, n'ont plus besoin que de l'esprit de conservation.

Jusqu'à présent, toutes les nations de l'Europe étoient plus ou moins possédées de l'esprit de conquête, par-ce qu'aucune n'avoit les limites qui lui convenoient. Il y en avoit même dont le territoire, divisé et dispersé, leur donnoit à la fois cinq ou six limites différentes, et conséquemment des rapports et des points de contact avec un grand nombre de puissances. De-là, des guerres, des intrigues, des négociations, des inquiétudes continuelles.

La France, par exemple, qui a toujours figuré au premier rang parmi les nations de l'Europe, et dont le moindre mouvement donnoit une impulsion générale, tendoit continuellement à conquérir ses limites naturelles, c'est-à-dire, celles qui lui garantissoient sa défense, en lui donnant des frontières presque impossibles à attaquer.

Depuis son origine, la nation avoit avancé du nord au midi pour gagner la Méditerranée et les Pyrénées, qui étoient ses limites naturelles dans cette direction. Elle s'avança ensuite lentement et progressivement du mi-

di au nord, parce que la limite du
Rhin lui étoit indispensable. En effet,
ce fleuve, comme l'a observé un militaire de la plus grande distinction,
lui donne une ligne de défense dans
toute sa longueur, avec des facilités
pour en faire parcourir aux troupes
les différentes parties; et, d'ailleurs,
la direction des rivières du nord et
du nord-est de la France, qui, toutes
se rendent au Rhin, favorise le transport des hommes et des choses sur les
points attaqués, tandis que cette disposition des eaux ajoute aux difficultés d'une invasion de la part de l'ennemi.

Aussi le gouvernement français a-
t-il fait constamment tout ce que les
circonstances lui permettoient de faire
pour parvenir à cette limite. L'acquisition de l'Alsace, de la Franche-
Comté et de la Lorraine, sous *Louis-
XIV* et *Louis XV*, étoit le premier

fruit des efforts qu'il avoit faits pour l'atteindre.

Mais l'idée seule de la conquête de cette limite lui donnoit des ennemis naturels dans la maison d'Autriche et les princes catholiques de l'Allemagne, parce que c'étoit à leurs dépens qu'il pouvoit toucher à ce but. De-là les alliances de la France avec les puissances qui désiroient l'affoiblissement de la maison d'Autriche et avec les princes protestans de la ligue germanique. De-là des guerres, qui eussent été éternelles sans la révolution française.

Aujourd'hui la France a acquis ses limites naturelles par des conquêtes et des traités ; elle n'a plus rien à désirer en force ni en puissance ; le commerce est le seul point qui doive exciter son attention, et bien différente de l'Angleterre dont elle combat le despotisme commercial, elle n'a

d'autre intérêt, sous ce point de vue,
que la liberté du commerce des autres nations (1).

(1) « Tous les Etats, hors ceux qui sont
» tourmentés de la passion aveugle de s'a-
» grandir aux dépens de leurs voisins, sont
» intéressés à l'existence d'un tel système de
» sûreté commune et de garantie mutuelle ;
» mais nul n'est porté par de plus puissans
» motifs que la France à en désirer l'établis-
» sement et la permanence. Toutes les sour-
» ces de sa prospérité sont dans son sein. Une
» fois circonscrite dans les limites qu'elle a
» toujours le pouvoir et le droit de réclamer
» pour sa sûreté future, elle n'a dans la paix
» d'autres vœux à former que celui de sa du-
» rée ; et la guerre ne peut avoir pour elle
» aucun attrait de profit, d'orgueil ou de
» puissance. N'est-elle pas assez riche des
» inépuisables produits de son sol et de son
» industrie ? Et, en s'arrêtant particulière-
» ment au moment présent, les souvenirs de
» ce qu'elle a fait pour lutter contre les maux
» intérieurs qui l'ont si long-temps déchirée,
» sans pouvoir fatiguer sa constance, pour

Qu'auroit-elle à redouter sur le continent? Les prétentions qui pouvoient occasionner des guerres n'existent plus; la Belgique, qui étoit si souvent une pomme de discorde, et qui a été le berceau de la révolution, lui appartient; sa limite au Rhin est reconnue; elle possède la portion de l'empire germanique que cette limite renfermoit; les Alpes, les Pyrénées, la Méditerranée et l'Océan forment ses autres limites; l'Autriche, éloignée d'elle par des cessions qui diminuent son territoire, s'agrandit dans

» braver l'attaque presque simultanée de tou-
» tes les grandes puissances de l'Europe, ne
» suffisent-ils pas à sa fierté. Quant à sa puis-
» sance, la France sait trop que des acquisi-
» tions sur-ajoutées à celles qu'elle vient de
» faire, et dont elle est fondée à conserver
» une partie, serviroient moins à l'accroître
» qu'à l'affoiblir ». *De l'État de la France
à la fin de l'an huit.*

un autre sens, et n'a plus d'intérêt à être son ennemie, elle en a même un très-puissant à obtenir son amitié; la paix de l'intérieur de l'Allemagne ne sauroit être troublée ; on a effacé du tableau de cette grande contrée de l'Europe, ces petits états si multipliés au milieu des grandes puissances, et dont l'existence étoit une source conti-, nuelle d'agitations et d'inquiétudes; on a adopté le système des grandes puis-, sances et des gouvernemens forts par leur constitution, la constitution monarchique; l'empire germanique n'a plus rien à redouter de l'empereur d'Autriche, ni de la France, qui n'a plus d'autre désir que d'y voir régner la tranquillité, et qui en a posé les premières bases ; la Suède et le roi d'Angleterre n'y auront plus d'influence.

Le reste du continent n'offre pas un aspect moins satisfaisant. L'Espa-

gne, notre alliée naturelle, la première
puissance maritime du continent après
la France, n'a d'autre intérêt que le
nôtre, et son premier but, sa première
pensée doit être l'opposition à l'Angleterre. Les liens les plus naturels
doivent maintenant l'unir à l'Italie,
après les réformes politiques qui ont
été opérées dans cette belle contrée.
Il falloit, pour l'intérêt de la France,
de l'Italie, de l'Espagne, de l'Europe
entière, que la partie supérieure de
l'Italie fût soumise à une puissance
assez forte pour résister aux entreprises de la maison d'Autriche; il falloit ôter à cette Maison jusqu'au prétexte d'exercer son influence en Italie;
il falloit lui en fermer le chemin; il
falloit y détruire tous ces petits états,
ces aristocraties tyranniques qui gê-
noient le mouvement de la machine
politique, et contribuoient souvent à
provoquer les guerres dont l'Italie

étoit le théâtre : le Piémont est français ; Gênes s'est soumise à nos lois ; Venise appartient au royaume d'Italie ; Naples est possédé par un prince de la maison de France, et le système des petits états est fini pour l'Italie, comme pour l'Allemagne.

En un mot, s'il étoit nécessaire de parcourir ici la situation politique du reste des états de l'Europe, sans omettre ceux qui sont le plus éloignés de nous et qui ne peuvent en être rapprochés que par le commerce, s'il étoit nécessaire de faire entrevoir les changemens qui peuvent encore avoir lieu, mais à de grandes distances de la France et toujours avec son consentement, ce tableau seroit bien propre à encourager le commerce, et à lui persuader que le génie de NAPOLÉON parviendra enfin à ôter au continent de l'Europe tout prétexte de guerre.

(1) L'Angleterre seule peut être en opposition avec l'intérêt de tous les

· (1) Je dis ici beaucoup moins bien|ce qui est développé avec autant de talent que de profondeur et de justesse, dans un ouvrage qui a pour titre : *De l'Etat de la France à la fin de l'an huit*, et que je regarde comme l'un des livres les plus intéressans qui aient été écrits depuis bien long-temps sur les matières politiques. On y distingue surtout une force de raisonnement et de principes, une précision, une clarté d'expression et une impartialité, qu'il est rare de rencontrer dans les livres de ce genre. On me saura gré d'en rappeler ici le passage suivant :

· « On a vu le gouvernement anglais, calcu-
» lant à la fois et sa position, qui le met à
» l'abri de toutes les ambitions continentales,
» et les ressources qu'il peut retirer des sub-
» sides de son commerce, coordonner les
» vues de sa politique à toutes les vues d'ex-
» tension, de progression et d'invasion du
» commerce national ; chercher dans tous
» les motifs de discorde qui peuvent désu-
» nir les Etats du continent, des occasions

peuples ; sa politique inquiète et jalouse lui fait sentir, à chaque instant,

» de les mettre aux prises pour les affoiblir ;
» se faire partout des droits à des préféren-
» ces commerciales ; former des engagemens
» dont les développemens et la durée dépen-
» dent uniquement de sa convenance ; s'en-
» tremettre dans tous les démêlés politiques
» pour les aigrir ; s'introduire dans toutes les
» fédérations pour les dissoudre ; faire peser
» successivement sur toutes les parties de
» l'Europe le poids de ses secours ; y altérer
» sans cesse le rapport des systèmes existans,
» y faire naître de fausses combinaisons d'in-
» térêt et de puissance ; y créer un équilibre
» partiel, éphémère et opposé aux princi-
» pes de l'équilibre général ; se jouer enfin
» successivement de la foiblesse et de la
» puissance, de l'ambition et de la sagesse,
» de l'union et de la discorde des grands et
» des petits états, en irritant à propos les
» passions du moment, en abusant des be-
» soins, des dangers, des alarmes du mo-
» ment ; en profitant de la discorde d'une
» multitude d'intérêts presque tous opposés,

le besoin d'attaquer, et le besoin plus grand encore pour elle, d'agiter l'Eu-

» pour faire prévaloir par la persévérance et
» l'uniformité de ses poursuites, un intérêt
» toujours distinct, toujours présent à ses
» yeux, celui *de sa puissance rivale de*
» *toutes les puissances*, et celui de *son sys-*
» *tème commercial, rival et dominateur*
» *du système commercial de tous les pays.*
» Ce tableau, continue l'auteur, peut être
» considéré comme une récapitulation his-
» torique des offenses d'une nation et des
» griefs de toutes les autres. Cependant je
» puis dire avec vérité, que, comme les deux
» tableaux qui précèdent, il a été fait sans
» amertume et sans ressentiment. Dans l'his-
» toire des usurpations politiques, le blâme
» des injures reçues se partage inégalement
» entre les offenseurs et les offensés ; et si
» la pitié veut qu'on accorde quelque inté-
» rêt aux victimes, le respect que tout écri-
» vain doit porter aux nations indépendantes
» et fières, les seules auxquelles il soit hono-
» rable de plaire, lui fait une loi de professer
» cette maxime :Que tout peuple qui tolère

rope. Elle ne reconnoît point de limites, et la nature, qui l'a placée au
milieu des mers, ne lui en assigne
point. Elle a donc une tendance sans
mesure à s'accroître.

Mais elle a déjà perdu ses alliés sur
le continent, ou ceux qui lui restent
encore, renonceront bientôt à une
alliance qui les affoiblit, qui ruine
leur population et leur commerce, et
qui les dégrade aux yeux des autres
puissances éclairées par l'intérêt général des peuples.

Depuis le règne de *Philippe-le-Bel*,
elle s'étoit opiniâtrée à empêcher la
réunion des Páys-Bas à la France :
« Dans la guerre pour la succession
» d'Espagne, dit M. *de Bonald*, elle
» aima mieux voir un prince français
» régner à Madrid, qu'un intendant

» une injure, mérite de plus graves repro-
» ches que celui même qui se rend coupable
» d'une injustice ».

» français administrer à Bruxelles ».
Ce pays est sous la domination de la
France.

La Hollande étoit une succursale
précieuse au commerce anglais. Son
gouvernement a pris une autre forme
qui la rattache à la France, et qui est
encore susceptible de perfection ,
mais qui ne peut se perfectionner ·
qu'aux dépens de l'Angleterre.

Ses alliés en Allemagne faisoient la
plus grande partie de sa force sur le
continent; elle les a perdus sans retour, parce que les intérêts qui pouvoient les rapprocher de l'Angleterre,
ont disparu et ne peuvent plus exister.

Elle a perdu son influence sur le
corps germanique en perdant l'élec-
torat de Hanovre.

Elle ne peut plus tenir à la Russie
que par des liens qui ne sauroient être
de longue durée, parce qu'il est impossible que le gouvernement russe

n'aperçoive pas, enfin, que le seul
moyen d'augmenter sa puissance et
la prospérité de son pays, est de se
soustraire à la tyrannie commerciale
de l'Angleterre.

« Les Anglais, dit encore M. *de*
» *Bonald*, n'ont jamais été pleinement
» rassurés sur la prétendue impossi-
» bilité d'une descente, dont la seule
» entreprise, indépendamment même
» du succès, peut porter un coup
» irremédiable à un état posé en équi-
» libre sur une banque. Son habile
» gouvernement qui montre au peu-
» ple un côté de sa position, mais qui
» a les yeux fixés sur le revers, n'i-
» gnore pas que, dans la même en-
» treprise où la sagesse de l'homme
» voit mille chances de perte, l'au-
» dace, qui n'est souvent que la pru-
» dence du génie, découvre et saisit
» une chance de succès ».

Cette crainte, ajoutée aux pertes

successives que le gouvernement anglais n'a pu éviter, malgré ses intrigues et son or, aux victoires multipliées des Français, aux négociations
franches, loyales et ouvertes du cabinet des Tuileries, ont déjà mis
l'Angleterre dans une position politique fort différente de celle qu'elle
avoit il y a quelques années. Que ne
doit-on pas attendre du progrès des
lumières et de la raison, de l'accroissement de la dette publique en Angleterre, du mécontentement du peuple
anglais, de la proscription universelle
prononcée contre les produits de son
industrie, des liens durables qui viennent de rapprocher les premières
nations de l'Europe, et du pacte qui
doit en être la suite ?

§ III.

Objet de cet Ouvrage. Sources principales où l'Auteur a puisé.

Les observations que renferme le paragraphe précédent, semblent démontrer d'une manière assez positive que bientôt on verra en Europe, pour la première fois, une paix solide et durable, puisque les puissances européennes, toutes limitées, toutes agrandies, n'auront aucun motif de se combattre ; et qu'elles auront, au contraire, l'intérêt le plus pressant à s'unir contre le seul ennemi commun qui leur reste.

Ce résultat miraculeux est le plus important bienfait de la révolution, de cette révolution qui a fait verser tant de larmes, et qui a enfin remis la France à sa place. « Si ces consé-
» quences sont senties, comme j'ai
» lieu de le croire », dit l'auteur *de*

*l'État de la France à la fin de l'an
VIII*, dans son chapitre *de la situation politique de l'Europe* , « alors
» les Français pourront considérer
» leur révolution sous un point de
» vue plus étendu, et les étrangers
» s'en former une idée plus grande et
» plus juste qu'ils ne l'ont fait jus-
» qu'ici. Les uns et les autres verront
» que ce terrible et mémorable évé-
» nement a été le premier résultat de
» l'impulsion d'un puissant mobile po-
» litique, qui depuis long-temps por-
» toit son action sur l'ensemble de l'or-
» ganisation générale de l'Europe; que
» ce premier mouvement se communi-
» quant avec la violence qui lui étoit
» propre, à tous les ressorts de cette
» organisation, a mis le peu de for-
» ces qui leur restoit à une dernière
» épreuve ; que de cette forte et iné-
» vitable commotion est résultée la
» destruction complète d'un système

» incohérent, mal cimenté, usé par
» le temps; que la révolution française
» a ainsi rendu à tous les gouverne-
» mens le service éclatant de leur
» apprendre que les germes d'une
» anarchie politique avoient été jetés
» en Europe, par les mêmes causes
» qui avoient jeté en France les ger-
» mes de l'anarchie sociale; qu'immé-
» diatement avant la révolution, le
» droit public n'existoit qu'en appa-
» rence; que la révolution n'a fait
» que signaler avec éclat son aboli-
» tion, et que le plus important de
» leurs devoirs, comme le plus
» grand de leurs intérêts, est de se
» livrer incessamment et de con-
» cert au soin de rétablir ses lois, et
» de les fonder sur des bases qui en
» puissent garantir la durée ».

Ce système fédératif continental,
qu'on avoit regardé jusqu'à présent
comme une chimère, est aujourd'hui

réalisé dans ses combinaisons les plus importantes. La raison s'est fait entendre des puissances continentales, et ce grand problème de l'indépendance commerciale et politique de l'Europe est enfin résolu. Elles sont aujourd'hui convaincues que tous les efforts de la France n'avoient point d'autre but, qu'elle ne pouvoit rien désirer pour sa prospérité personnelle, qu'elle ne désirât en même temps de partager avec les autres nations, selon la mesure de leurs moyens et de leur industrie.

Aujourd'hui il est prouvé, comme le dit l'auteur estimable que je viens déjà de citer, « que le ressort le plus » actif de l'industrie d'un peuple est » celui qui agit en même temps sur » l'industrie des autres, et qui en » reçoit une réaction égale à son ac- » tion; que la base la plus solide de » la richesse d'une nation est la ri-

» chesse de toutes celles avec les-
» quelles elle est liée par des rapports
» de commerce; que le commerce
» est une vaste organisation qui a une
» vie générale, des intérêts généraux;
» et que cette vie et ces intérêts ne
» peuvent recevoir des atteintes par-
» tielles, que l'ensemble ne s'en res-
» sente et n'en souffre. De cette théo-
» rie, il résulte qu'une guerre partielle
» est un mal général.......; que, dans
» l'ébranlement que la guerre porte
» sans cesse à l'organisation générale
» du commerce extérieur de tous les
» peuples, aucun état ne peut être à
» l'abri de ses atteintes ».

Le commerce peut donc tout espérer de cette révolution importante
dans la politique des nations, dont les
effets graduels et successifs ne seront
bien sensibles que par une longue expérience.

Mais le temps que cette expérience

exigera, sera d'autant plus long, que
les négocians plus ou moins instruits
se confieront plus long - temps aux
idées d'une routine aveugle et inap-
plicable aux circonstances. Il faut qu'il
s'opère aussi une révolution dans les
principes de leurs spéculations ; et
s'ils doivent l'attendre entièrement
des lumières de leur intérêt personnel ;
ils seront exposés à des pertes énormes qui les éclaireront toujours trop
tard sur ce qu'ils doivent et sur ce
qu'ils auroient dû faire.

C'est donc un service essentiel à
leur rendre, que de leur exposer la
situation particulière de chaque branche du commerce extérieur dans la
direction qui leur convient le mieux ;
de comparer le résultat de leur expérience passée, les malheurs et les pertes
de l'industrie, aux réalités que présente la situation actuelle de l'Europe,
et aux moyens qu'elle leur offre d'uti-

liser leurs capitaux , sans s'exposer à
des erreurs d'autant plus dangereuses
pour eux , qu'elles seroient plus rap-
prochées du temps où leurs pertes ont
déjà été considérables. L'individu qui
vient d'échapper à une grande mala-
die, doit redouter l'appétit désordonné
de sa convalescence : c'est alors qu'il
a besoin d'être éclairé sur les dangers
qu'il court en s'y livrant, et qu'il doit
demander les conseils d'une prudence
éclairée...

Cet Ouvrage n'a été conçu et exé-
cuté que pour les intérêts du commerce français; et quoiqu'il renferme
nécessairement quelques détails et
quelques aperçus politiques, et même
quelques idées d'améliorations admi-
nistratives, son but essentiel et unique
est de développer aux négocians les
moyens que je suppose les plus propres à accélérer les progrès du commerce au nord et au midi.

Je n'ai point embrassé, dans mon plan, le commerce colonial, sur lequel on a déjà d'excellens ouvrages, parce que je n'ai point encore de données suffisantes pour me hasarder à en parler avec autant de certitude. D'ailleurs, on ne pourra guères s'en occuper utilement que lorsque l'on connoîtra les arrangemens qui pourront résulter de la paix générale.

Je me suis appliqué surtout à présenter des faits et des calculs aussi positifs qu'il est permis de les espérer, en traitant des objets de commerce d'une manière générale. J'ai cru que c'étoit le seul moyen de persuader ceux que je désirois particulièrement d'avoir pour lecteurs.

Les fonctions de chef de la division de l'agriculture, des manufactures et du commerce, que j'ai remplies pendant plusieurs années au ministère de l'intérieur, m'ont procuré des renseignemens précieux et des observations pratiques de la plus haute importance. D'ailleurs, voué dépuis plus de vingt-cinq ans à l'étude des intérêts du commerce et de l'industrie, j'ai été chargé de missions particulières qui avoient ces intérêts pour objet. J'ai vu par moi-même, et avec l'empressement de l'administrateur qui désire de s'instruire, différentes places de commerce et les villes manufacturières les plus importantes. Le séjour de près de sept ans, que j'avois fait précédemment dans le nord de l'Europe, m'a permis de recueillir des faits et des observations sur le commerce de ces contrées.

Mais, je ne me suis pas contenté des notes ou des mémoires que j'avois pu recueillir; j'ai souvent consulté et mis à profit les ouvrages estimables qui traitoient des objets de commerce. J'en ai cité quelques-uns dans les deux

partiesqui composent celui que j'offre
au Public. Je vais les rappeler ici
avec quelques autres des plus essentiels.

Ma seule ambition est d'être utile,
et je verrois avec plaisir qu'un autre
fît beaucoup mieux que moi.

*De la Balance du commerce et des
relations commerciales extérieures de
la France dans toutes les parties du
globe*, etc.; par M. *Arnould*, 2.ᵉ édit.
Paris, Buisson, an III. 2 vol. *in-8ᵒ*.
avec atlas.

*Dictionnaire universel de la géogra-
phie commerçante, etc.*; par M. *Peuchet*. Paris, Blanchon an VIII. 5 vol.
in-4ᵒ.

*Tableau du commerce de la Grèce,
formé d'après une année moyenne*,
depuis 1787 jusqu'en 1797; par M. *Félix-Beaujour*. Paris, Renouard, 1800.
2 vol. *in-8ᵒ*.

- *Tableau de l'agriculture toscane;* par M. *Simonde.* Genève ; Paschoud. 1801, 1 vol. *in-8°.*

- *Tableau historique*, *statistique et moral de la Haute-Italie et des Alpes qui l'entourent*, etc.; par M. *Denina*, bibliothécaire de S. M. Impériale et Royale. Paris, Fantin ; 1805. 1 vol. *in-8°.*

Tableau du Piémont sous le régime des rois, etc.; par M. *Maranda.* Turin, de l'imprimerie Guaita, an XI.

Mémoires historiques et politiques sur la république de Venise, *rédigés en 1792;* par M. *Léopold Curti.* Paris, Pougens, 1802. 2 vol. *in-8°.*

De la Ligue hanséatique, *de son origine, ses progrès, sa puissance et sa constitution politique jusqu'à son déclin, etc.;* par M. *Mallet.* Genève, Manget, 1805. 1 vol. *in-8°.*

J. G. Georgi *geographische-physika-lische und naturhistorische Beschreib-*

ung des russichen Reichs. Kœnigsberg, Friedr. Nikolovius. 1797, 3 v.
in-8°.

*Tableau général de la Russie mo-
derne et situation politique de cet empire au commencement du XIXe. siècle;*
par M. *V. C****. Paris, Treuttel et
Würtz, 1802. 2 vol. *in-8°*.

S.-Petersburgsches Journal, de 1776
à 1784.

Journal von Russland, de 1793 à
1796.

Friebe (W. Chr.) *über Russlands
Handel, landwirthschaftliche Kultur,
Industrie und Produkte*, *etc.* Gotha,
Gerstenberg et Dittmar, 1796. 3 vol.
in-8°.

*Hablizl physikalische Beschreibung
der Statthalterschafft Taurien.* 1789.
in-8°.

DU COMMERCE

D'ITALIE

ET DU LEVANT;

Et particulièrement du Commerce des Pays nouvellement réunis à l'Empire Français, et des améliorations dont ils sont susceptibles.

———————

La réunion du Piémont, des duchés de Parme et Plaisance et de l'état de Gènes à la France, et celle de Venise au royaume d'I-talie, doivent changer entièrement la face du commerce de cette portion de l'Europe, et opérer une révolution importante dans le commerce du Levant.

Jusqu'à présent, l'Italie divisée en plu-sieurs souverainetés d'un ordre inférieur dans la balance politique, n'avoit pu adopter un système uniforme de commerce : les grandes ressources des relations de ce genre n'existent que pour les empires étendus.

Les petits états sont souvent forcés à des ménagemens contraires à l'industrie agricole ou manufacturière de leurs sujets; souvent

aussi les besoins de leurs finances les con-
traignent à multiplier les obstacles à l'industrie et au commerce qu'ils traitent comme
la poule aux œufs d'or, en comptant leurs
douanes parmi les principales branches de
leurs revenus.

Cette situation n'existe plus pour les peuples d'Italie ; un système plus libéral va remplacer cet état de contrainte habituelle ; les
pays réunis à la grande nation en partage-
ront les principes et les destinées, et l'on n'y
verra plus le négociant attendre paisiblement
dans ses foyers, qu'on vienne prendre chez
lui, ou lui apporter les marchandises dont
l'échange fait la base de sa fortune.

Il devient donc très-intéressant d'examiner
le mode et le résultat de ce changement su-
bit, de comparer ce qui étoit à ce qui doit
être, de faire quelques observations propres
à éclairer le commerce sur ses véritables
intérêts, de rendre ses relations plus utiles
à l'Empire français, et plus avantageuses
pour chaque localité.

Mais ces détails nous conduiront nécessairement à nous occuper du commerce du
Levant, parce que la nation prépondérante
dans le commerce d'Italie l'emportera né-

cessairement pour celui du Levant. Ces deux
espèces de supériorité sont inséparables ;
l'une entraîne l'autre. Dans l'état de choses
qui existoit avant la réunion, la France et
l'Angleterre pouvoient seules se les disputer.
L'Italie elle-même ne pouvoit et ne peut
encore participer qu'en sous-ordre au commerce du Levant; elle n'a point de denrées
coloniales, et elle ne peut lutter, pour les
draperies, ni quant à la qualité, ni quant à
la quantité, avec aucune de ces deux puissances.

La France est, sans contredit, la mieux
placée de toutes les nations pour s'emparer
de ces deux commerces; aucune nation ne
réunit autant de genres d'industrie appro-
priés aux besoins de l'Italie et du Levant,
aucune ne peut offrir au Levant une consommation plus grande des matières premières
qu'il fournit; aucune, enfin, n'a le port de
Marseille.

Cependant les Anglais travailloient depuis
long-temps, avec une opiniâtreté soutenue,
à nous arracher successivement tous nos
avantages, et ils n'y avoient que trop bien
réussi. Ils approvisionnoient la plus grande
partie de l'Italie des objets de leur industrie;

leurs draperies et leurs toileries avoient un
cours prodigieux dans le Levant, et seuls de
tous les peuples de l'Europe, ils soldoient
entièrement en marchandises industrielles
les matières premières qu'ils en retiroient.

Le moment est arrivé où ces avantages
seront perdus pour eux, si nous prenons les
moyens de les en priver pour jamais, et la
réunion nous les fournit.

J'ai osé croire que je devois à mon pays
le tribut des réflexions que l'étude de nos
intérêts commerciaux m'a suggérées à cet
égard, et tel est le principal but de ce Mémoire.

Après avoir jeté un coup-d'œil sur le commerce des premières places de l'Italie avant
la réunion, je donnerai des détails compa-
ratifs sur la situation des principales branches de notre commerce en Italie et dans le
Levant. J'examinerai, enfin, la situation particulière de chacun des pays réunis, et les
moyens d'y ranimer l'agriculture, le commerce et l'industrie, de la manière la plus
avantageuse pour l'Empire français.

PREMIÈRE PARTIE.

COUP-D'ŒIL SUR LE COMMERCE DES PREMIÈRES PLACES D'ITALIE.

VENISE.

LE berceau du commerce de Venise, autrefois si florissant, est dans les lagunes de la mer Adritiqu e. C'est dans les petites îles marécageuses qu'elles séparent, et dont elles rendoient l'abord impraticable, que quelques pêcheurs trafiquèrent de leurs pêches et du sel qu'ils retiroient de quelques-unes de ces îles. Elles servirent de retraite aux Venètes qui habitoient le long du golfe, lorsqu'ils voulurent se soustraire au joug d'Alaric et d'Attila.

Le commerce devint leur seule ressource, et dès le 6e. siècle, il étoit assez important pour exciter la jalousie de leurs voisins. Ce fut alors qu'ils pensèrent à se réunir en république. Jusqu'à cette époque, leur commerce ne s'étendoit guères au-delà des côtes de la Méditerranée ; mais lorsque leur nouveau gouvernement fut consolidé, particulièrement vers le milieu du 8e. siècle, leurs flottes visitèrent les ports les plus éloignés de

l'Océan et ceux de l'Egypte, et ils s'assurèrent
bientôt le commerce des richesses de l'Orient.
L'Egypte surtout augmenta tellement leur
puissance, qu'ils entreprirent des conquétes,
et formèrent ce qu'on appela ensuite leur
Etat de terre-ferme.

Leurs armes, partout victorieuses, étendirent leur domination du côté de la Morée
et dans plusieurs principales îles de la Méditerranée et de l'Archipel. Ils eurent part
aux croisades, ainsi qu'à la prise de Constantinople et à la conquête de la meilleure
partie de l'empire des Grecs, qui passa sous
la domination des princes français, au commencement du 13e. siècle.

Venise, après plusieurs siècles de gloire
et de succès non interrompus, éprouva ce
qu'ont éprouvé et ce qu'éprouveront toujours
les nations dont la puissance n'est établie que
sur le commerce. Jusqu'à la découverte du
Nouveau - Monde, elle avoit été le centre
unique du commerce de l'Europe. Elle perdit
bientôt le commerce des épiceries par les
entreprises des Portugais, qui devoient aussi
le perdre à leur tour : les Marseillais, d'un
autre côté, parvinrent à s'emparer de leur
crédit à Constantinople et dans les principales

Échelles du Levant, et le pavillon français remplaça presque partout le lion de Saint-Marc.

La décadence du commerce de Venise fut plus rapide que ses progrès ne l'avoient été, et elle se trouva bientôt réduite aux exportations des produits de quelques fabriques, dans le Levant et le reste de l'Italie.

Elle étoit dans cet état, lorsque la République a cessé d'être; et les révolutions auxquelles elle a été exposée depuis, le démembrement qui l'a réduite, n'ont pas pu améliorer son sort et fixer ses destinées.

Sa réunion au royaume d'Italie peut seule lui rendre une partie de son ancienne splendeur : il ne peut rien arriver de plus heureux à un pays maritime, que d'être réuni à un pays dont l'agriculture fait la principale richesse; surtout lorsque ces deux pays renferment déjà les élémens d'une industrie qui peut ajouter à leur prospérité réciproque.

Malgré la décadence presque entière de son commerce, Venise étoit encore une place considérable en Italie. Ses vaisseaux alloient à Marseille pour le commerce de France; à Alicante pour celui d'Espagne; à Ancône pour celui de l'Église; à Naples, à

Livourne et à Gênes pour le reste de l'Italie;
à Smyrne et à Constantinople pour le Levant.

A la vérité les bâtimens de cette place,
pour chacune de ces destinations, étoient
très-peu nombreux; et, à l'exception des
produits de quelques-unes de ses nombreuses
fabriques, ils étoient plutôt consacrés au
transport de marchandises étrangères et de
matières premières, et la place de Livourne
faisoit réellement une partie du commerce
de Venise.

Je ne m'arrêterai point ici à des détails
qui seront mieux placés dans la suite de ce
Mémoire, lorsque je présenterai des observations générales sur les principales branches d'industrie qui conviennent à l'Italie et
au Levant : mais une observation bien intéressante et propre à fixer l'attention de
l'homme d'état terminera cet aperçu sur la
situation de Venise.

C'étoit un des quatre débouchés principaux
ouverts au commerce anglais en Italie : c'é-
toit surtout par Venise que les étoffes légères,
les droguets, les serges, les cotonnades de
ces insulaires parvenoient en Autriche, en
Styrie, dans la Carniole, dans la Croatie, à
Naples, à Messine, etc.

Aujourd'hui de plus hautes destinées appellent le commerce de Venise ; il ne sera
plus le commissionnaire et le courtier des
Anglais ; mais il pourra être le premier
facteur du commerce d'Allemagne dans le
Levant. Ce commerce étoit disséminé sur un
si grand nombre de points, qu'il étoit difficile de l'apprécier. Les évaluations les mieux
combinées le font monter à cinq millions de
piastres : Trieste en étoit le point le plus considérable. La réunion de Venise au royaume
d'Italie, doit nécessairement changer la face
du commerce de l'Allemagne.

Les Allemands avoient déjà été obligés d'a-
bandonner leur commerce aux facteurs grecs
qui s'étoient établis chez eux ; Trieste, le
seul port de l'Autriche, étoit trop éloigné de
la Turquie et de la Grèce, et n'étoit commode que pour une petite partie de l'Allemagne. Les traités de Campo-Formio et de
Lunéville, s'ils eussent été religieusement
exécutés, mettoient l'empereur d'Autriche à
portée de se créer une marine militaire,
seul moyen d'établir solidement le commerce
maritime.

En effet, la puissance qui possède Venise
et les principales côtes de la mer Adriatique,

peut seule s'emparer du commerce de l'Allemagne dans le Levant, soit en le diminuant
par la facilité qu'elle aura de substituer
quelques objets de ses fabriques ou des nôtres
à des produits de l'industrie allemande, soit
en faisant le bénéfice du fret, de l'entrepôt
et de la commission sur les marchandises
d'Allemagne destinées à l'Italie, à la Grèce
et à la Turquie.

On en sera convaincu, si l'on veut bien
considérer la position géographique de l'Allemagne et l'extrême importance pour elle de
son commerce avec la Turquie. Elle n'a
d'autres moyens de communication que la
terre et le Danube. La navigation de ce fleuve
est longue, difficile et dangereuse ; la route
de terre n'offre pas moins de dangers et des
dépenses très-multipliées : l'issue la plus
courte, la plus sûre et la moins dispendieuse,
est, pour elle, la mer Adriatique.

NAPLES.

Naples est devenu un marché anglais,
et avant la révolution, ses rapports naturels
et véritablement utiles étoient avec la France.

Nous recevions, à cette époque, du

royaume de Naples et de Sicile pour dix-huit à dix-neuf millions de valeurs.

Marseille seule tiroit pour neuf millions d'huiles ; les blés étoient un article de trois millions ; la soie étoit un article aussi fort ; un million de laine, un million de soude et baril, et le reste consistoit en manne, soufre, chanvre, coton filé, fruits, pâtes, comestibles, essences et drogues.

La France étoit ainsi le grand consommateur des productions de ce royaume, et la somme de nos exportations étoit fort inférieure à celle que nous étions obligés de payer, puisqu'elle ne présentoit guères au-delà d'un total de six millions.

Mais ce désavantage étoit plus apparent que réel ; ces exportations offroient un débouché de plus d'un million à nos fabriques de draps, de presqu'autant à nos soieries en étoffes, gazes et rubans, et de près d'un million pour nos sucres et nos cafés.

D'ailleurs, nous ne tirions de Naples que des matières premières, et plus nous en faisions de consommation, plus il étoit évident que leur emploi par nos fabriques et nos manufactures nous procuroit un bénéfice réel qui compensoit et au-delà ce qui paroissoit manquer à notre balance commerciale.

Ainsi la France et le royaume de Naples avoient également à s'applaudir de leurs relations réciproques : il y a plus, Naples y gagnoit sous le rapport de la navigation.

Elle s'effectuoit, année moyenne, entre les deux nations par 51,676 tonneaux, dont 17,812 français, 25,241 napolitains et siciliens, 344 anglais et 8,779 de toutes les autres nations.

Les Anglais n'effectuoient donc presque aucun des transports, les Napolitains en avoient seuls plus de la moitié, la France une portion considérable, et toutes les autres puissances réunies ne participoient pas dans cette navigation pour le tiers du tonnage de Naples. Ce royaume profitoit donc du plus grand bénéfice du fret et obtenoit ainsi l'accroissement de ses forces maritimes et de sa fortune pécuniaire.

Cet état de choses, tout avantageux qu'il étoit, pouvoit encore s'améliorer, si la cour de Naples, plus éclairée, eût mieux connu ses intérêts et les nôtres, et si le gouvernement anglais, moins clairvoyant, moins ambitieux et moins avide, n'avoit usé de tous les moyens propres à le détruire.

Il sembloit que nous fussions mieux traités que personne par les Napolitains, quoique nous eussions à nous plaindre surtout des droits imposés à l'entrée de nos draperies et du mode de leur perception. Il est vrai que la force des circonstances, et que les abus qui naissent ordinairement d'une fausse mesure qui a le commerce pour objet, diminuoient ordinairement ce droit, et que, dans le fait, on ne pouvoit pas l'évaluer à plus de 12 ou 15 pour cent. Mais les Anglais, plus adroits et plus intrigans, parvinrent insensiblement à propager des draperies de même genre, et à ne payer, dans le fait, que la moitié du droit qui grevoit les nôtres. Ce coup mortel pour nos fabriques remonte à peu près à 1784. Il produisit un tel effet, et procura un débouché si abondant aux draperies communes de l'Angleterre, qu'on a vu plus d'une fois des négocians français établis à Naples, donner aux Anglais des commissions sur lesquelles ils gagnoient encore autant que sur des marchandises reçues directement de France.

C'est encore à l'instigation, et par la suggestion des Anglais, jaloux du succès de nos manufactures de soie, que le gouvernement

napolitain prohiba les étoffes de soie étrangères, sur l'exposé qu'on lui fit que cette fabrication étoit florissante à Palerme et à Messine, ce qui étoit alors bien éloigné de la
vérité. Mais on avoit fait acheter à Lyon
quelques pièces de belles étoffes, qu'on fit
ensuite présenter à la reine de Naples, comme
les chefs-d'œuvres des fabriques siciliennes,
en réclamant sa protection pour le soutien
de ces manufactures.

Depuis cette époque, malgré les réclamations les plus fortes, le commerce de la
France avec Naples a éprouvé une décadence devenue tous les jours plus sensible,
et ce royaume lui-même a contribué à sa
propre ruine, à la ruine de son commerce,
en s'éloignant de la nation qui pouvoit seule
le faire prospérer, et en ouvrant un lit au
torrent des manufactures anglaises.

Les circonstances actuelles doivent changer ce système, et rétablir les communications naturelles entre les deux peuples; le
résultat peut en être fort amélioré, et parce
que l'industrie française a fait d'immenses
progrès, et parce que le gouvernement français, qui sent toute l'importance du commerce, est éclairé par une longue expé-

rience, et par le besoin de triompher d'un ennemi qui lui a suscité tant de maux.

Au reste, notre commerce avec Naples est si naturel, que toutes les conventions à faire pour le régler, peuvent se réduire à trois points principaux : 1.º recevoir les matières premières sans aucuns frais, ou presqu'aucuns frais de douanes; 2.º payer ces matières avec les produits de notre industrie, qui n'acquitteront qu'un foible droit; 3.º encourager les transports maritimes pour cette navigation par navires français et napolitains, à l'exclusion des bâtimens étrangers.

LIVOURNE.

Ce port franc est une étape anglaise. Il est ouvert, à la vérité, à toutes les nations; mais les Anglais se sont emparés de la plus grande partie de son commerce, et ils gagnent constamment sur le change avec cette place, tandis qu'ils perdent communément avec Venise et Gênes. Aussi avoient-ils toujours à Livourne des vaisseaux de toute grandeur pour le maintien de leur commerce; ils regardoient ce port comme un entrepôt.

Il est tellement situé, qu'il est impossible

qu'il ne soit pas toujours le siége d'un commerce immense : mais les circonstances
modifieront probablement celui qui s'y fait
aujourd'hui, et il est essentiel pour l'Italie
entière, que ce changement tourne à l'avantage de l'Empire français.

CIVITA-VECCHIA.

· La situation de cette ville est si avantageuse, qu'on ne sauroit l'oublier, quand
il est question d'indiquer les lieux particulièrement destinés à être les principaux
marchés de l'Italie. Son port est au milieu
de cette portion de l'Europe. Le commerce
français y étoit autrefois très-florissant; nous
y apportions des sucres et des cafés, des
draps de nos fabriques du nord, des étamines, des camelots, des barracans, des étoffes
de Lyon, des bas de soie, des blondes, des
modes, des toiles de Flandre, de Troyes et
autres fabriques ; des siamoises, quelques
dentelles, des mouchoirs et des manchettes;
des vins de Bourgogne, de Champagne, de
Bordeaux, des eaux-de-vie, des liqueurs, des
sirops et confitures; du tabac, des huiles
de Provence, de la morue, de l'indigo, du

cacao, du verdet, etc., etc. Il n'y avoit presqu'aucun article de notre commerce qui n'y
trouvât un débouché.

Les Anglais y ont obtenu un écoulement
assez important pour leurs draperies et leurs
quincailleries, ce qui a beaucoup nui à notre
commerce.

La révolution opérée dans le monde politique, peut le rétablir aujourd'hui de la manière la plus avantageuse pour nos fabriques,
et pour l'intérêt des Génois qui fréquentoient
déja ce port avec succès.

ANCONE.

Ancône ne figureroit pas, sans doute, parmi les premières places de l'Italie, si l'on ne
faisoit attention qu'à son état actuel ; mais
quand on considère sa situation, quand on
se rappelle l'ancienne destinée de ce port, il
est permis de prévoir ce qu'il pourroit devenir entre les mains d'un gouvernement
éclairé.

Cette ville, dont le port est l'ouvrage de
Trajan, est placée de la manière la plus
utile pour le commerce des villes qui sont
de l'autre côté du golfe de Venise, de l'Es-
clavonie, de la Grèce et de la Dalmatie.

Elle fut autrefois très-florissante. Ruinée par les guerres civiles de l'Italie, et par les fautes d'une administration peu éclairée, elle passa pour l'avoir été par le voisinage et la prospérité de Venise. De mauvaises lois de commerce et de finances, des droits de douane excessifs et mal combinés, furent les véritables causes de ses malheurs.

Grosley nous en fournit la preuve dans ses *lettres sur l'Italie*. *Clément XII* y avoit opéré une révolution favorable, en l'érigeant en port franc, en 1732. *Benoît XIV* suivit les traces de son prédécesseur, et y ajouta de sages règlemens. Leur résultat fut tel, que *Grosley* prétend qu'Ancône lui offrit le spectacle qu'offrent Marseille, Gènes, Livourne et Naples. « Le détail de l'examen, » ajoute-t-il, redoubla notre étonnement. Il » nous découvrit de nombreux et riches magasins ; des maisons de commerce liées » d'affaires avec les principales places de » l'Europe et avec les Echelles du Levant ; » des manufactures, la plupart naissantes, » et que le temps augmentera et multipliera ; » des Juifs très-riches et bien logés ; enfin, » des comtes et des marquis, guéris des anciens préjugés, devenus commerçans, et

» occupés de factures et de bordereaux. Dans
» le peuple, même activité, même ardeur
» pour le travail : les hommes occupés au
» transport des marchandises du port à la
» ville, de la ville au port, et à leur circu-
» lation de magasin en magasin ; dans une
» chambre très-étroite où loge toute une fa-
» mille, les femmes fabriquent des toiles à
» voiles; sur le port, des enfans de sept à
» huit ans, gagnent déja leur journée à trans-
» porter, dans des civières proportionnées
» à leur âge et à leur force, du moëllon,
» de la pouzzolane et du mortier. La renais-
» sance d'Ancône s'annonce enfin par les
» ateliers qu'on y rencontre à chaque pas,
» soit pour la construction de nouvelles mai-
» sons, soit pour l'agrandissement ou l'em-
» bellissement des anciennes ».

DÉTAILS sur la situation des principales branches du commerce français en Italie et dans le Levant, comparée à la situation des mêmes branches du commerce étranger.

Si la prépondérance dans le commerce du Levant est le résultat nécessaire de celle qu'on obtient dans le commerce de l'Italie, la

France doit acquérir la dernière, lors même qu'elle exigeroit des sacrifices de sa part.

. Mais le commerce d'Italie est, par lui-même, trop important pour la France, trop avantageux à son sol, à ses manufactures, à ses colonies, pour qu'elle ait besoin d'autres motifs d'émulation.

Avant la révolution, ce commerce, dont les importations, vers la fin du règne de Louis XIV, ne s'élevoient qu'à dix millions sept cent mille livres, montoit à plus de quatre-vingts millions. Les matières brutes et les comestibles absorboient la majeure partie de cette somme, puisque les premières y figuroient pour trente-sept millions quatre cent mille livres, et les seconds pour vingt-huit millions trois cent mille livres, dont onze millions cinq cent mille livres d'huile en plus grande partie pour nos fabriques de savon.

Les exportations de France pour l'Italie, (toujours en y comprenant l'Helvétie), s'élevoient, sous Louis XIV, à vingt-trois millions cent mille livres ; et, au moment de la révolution, à soixante-dix-huit millions trois cent mille livres (1). Les produits de nos manufac-

(1) Voyez le chapitre III et les tableaux de l'excellent ouvrage de M. Arnould, membre du Tribunat, intitulé :

tures figuroient dans cette somme pour près
de trente-un millions; elle renfermoit près de
douze millions de matières brutes et de matières qui avoient reçu une première préparation, dix ou onze millions de comestibles,
cinq millions de vins et d'eaux-de-vie, et
vingt millions de denrées coloniales.

Il étoit difficile de faire un commerce plus
avantageux pour l'une et l'autre nation. D'un
côté, quelle ample consommation des productions du sol de l'Italie, et quel puissant
encouragement pour son agriculture et sa
navigation ! De l'autre, quel débouché pour
notre industrie, pour nos denrées coloniales,
et que de résultats heureux pour l'activité de
notre commerce et la prospérité de nos
ports ! Y avoit-t-il une autre nation en Europe qui pût offrir d'aussi grands avantages à
l'Italie, et à laquelle l'Italie pût être aussi
utile ? Le bénéfice seul du voisinage, de la
facilité et de la célérité des communications, est inappréciable quant à ses effets sur
l'emploi des capitaux et la multiplicité des
échanges.

de la Balance du Commerce. Ce livre, le premier de
son genre, qui ait été publié en France, doit être consulté
par tous ceux qui s'occupent des matières commerciales.

Ce simple aperçu doit certainement nous déterminer à employer tous les moyens qui sont en notre pouvoir, pour faire renaître et entretenir des relations que notre situation particulière semble appeler.

Quels efforts devons-nous donc faire, lorsque nous considérons que ce premier succès en entraîne un autre plus important encore, notre supériorité dans le commerce du Levant, qu'il s'agit de reconquérir!

Sans donner à cette vérité qui sera sentie par tous les négocians, les développemens dont elle est susceptible, il n'est aucun d'eux qui ne regarde le commerce du Levant, comme le plus important peut-être de tous ceux auxquels nous sommes appelés, du moins comme celui pour lequel nous ne devrions point redouter de rivaux, et dont notre situation, et en particulier celle du port de Marseille, nous donne, en quelque sorte, le privilège exclusif.

Il n'en est point, en effet, qui offre de plus puissans encouragemens à notre agriculture par l'emploi de nos laines, qui puisse vivifier d'une manière plus efficace l'industrie de nos provinces méridionales, renouveler si souvent nos capitaux, et former, par son

activité, une plus grande quantité de maté-
lots. Où pouvons-nous d'ailleurs trouver un
débouché plus avantageux de nos denrées
coloniales ?

Nous n'avions point porté ce commerce à
sa perfection, lorsque la révolution a achevé
de le détruire ; nous avions même déja perdu
quelques-uns de nos avantages à cette époque, et cependant nous exportions annuellement, pour le Levant , des valeurs pour
vingt-cinq ou vingt-six millions, dont plus
d'un tiers étoit le produit de nos manufactures ; les denrées coloniales formoient à-
peu-près un autre tiers, et le reste étoit en
matières d'or et d'argent.

Les importations ne nous étoient pas moins
utiles , et elles étoient encore plus considérables. Elles consistoient en vingt-neuf millions
de matières brutes auxquelles notre industrie
ajoutoit une valeur immense, et qui étoient
la source d'un bénéfice presque incalculable ;
en sept millions de comestibles qui entrete-
noient l'abondance dans les départemens du
midi, et rendoient celle des départemens
du nord plus profitable en laissant tous leurs
produits disponibles ; enfin, en un million et
demi de toileries ou d'étoffes du Levant, pour

la vente desquelles nous ne devions craindre aucune concurrence.

Examinons maintenant quelle est aujourd'hui la situation de ce commerce en France, en jetant un coup-d'œil sur celle des principales branches d'industrie qui en font la base, et en recherchant les moyens de leur rendre leur première activité.

Draperies.

Les draps sont, après les vins, la branche de commerce la plus intéressante pour la France. Cependant, malgré les progrès des arts, cette branche a beaucoup perdu de son ancienne splendeur, et nous nous sommes laissé dépouiller en partie des bénéfices énormes que nous en retirions.

Les Anglais, ces rivaux si avides et si actifs, sont parvenus successivement à l'emporter sur nous dans les marchés du Levant, et à approvisionner des contrées de l'Italie que nous fournissions autrefois. La grande foire de Messine seule donne annuellement cent mille liv. sterling à l'Angleterre pour ses laineries. Livourne étoit l'étape de cette nation commerçante, et Venise l'entrepôt par le moyen duquel ses étoffes de laine passoient en Autriche, en Styrie, en Carniole, en Croatie, et, pour l'intérieur de l'Italie, à Naples et à Messine.

Les draps de Londres, qui avoient joui, pendant long-temps, d'une grande faveur dans le Levant, commencèrent à la perdre en 1731, par la concurrence de nos *londrins*, faits à leur imitation, mais infiniment préférables. Ceux de Londres, légers à la vérité, sont grossiers et de peu de durée. Mais la faveur des londrins français, qui avoit toujours été en augmentant, commença à décliner en 1782. Les Anglais, à cette époque, débitèrent de grosses parties de leurs *châlons*, espèce de serge d'un tissu supérieur à nos plus belles serges, et ce succès porta, dans le Levant, un coup mortel à notre draperie.

D'un autre côté, les draps allemands s'introduisirent en Turquie, deux ans après (1785), et s'y vendirent bien. Les étrangers répétèrent que ces draps surpassoient nos londrins de Languedoc : il n'en eût pas fallu davantage pour faire beaucoup de tort au débit de ces derniers. Malheureusement des circonstances majeures et imprévues achevèrent le discrédit de nos londrins; les

troubles révolutionnaires jetèrent le désor-
dre dans nos fabriques, et la guerre paralysa
nos ventes extérieures. Il fallut bien qu'on se
fournît de draps allemands au défaut des
nôtres, et c'est ainsi que l'Allemagne a été
l'auxiliaire de l'Angleterre contre nos manufactures.

Ces draps allemands sont connus dans le
Levant sous la dénomination générale de
draps de Leipzig. Ils ont du corps et du
moëlleux, souvent des couleurs bizarres et
tranchantes qui plaisent aux Levantins. Ajoutons à ces qualités le mode de vente, qui est
aussi très-favorable au vendeur et à l'acheteur. Ils ne viennent point en balles, mais
en pièces; on les vend de gré à gré, sans
échantillons et sans factures. Ils sont ainsi
préférés par les petits détaillans, et le manufacturier vend comptant ou ne fait pas de
longs crédits.

Mais les Anglais ont gardé leur supériorité pour une étoffe de laine qu'on a cherché
vainement à imiter; ce sont leurs *mahouds.*
Ces draps sont du plus beau tissu et d'une
légèreté admirable. Ils sont, au reste, excessivement chers, ce qui nuit à leur consommation.

Cependant les Allemands ont essayé d'imiter les mahouds, et s'ils n'ont pas eu un plein succès, il faut en chercher la cause dans la couleur qui est moins bien traitée, et qui est difficile à atteindre, parce que l'assortiment de ces draps se compose de couleurs vives et délicates, le rose, le bleu céleste, la couleur de feu, le jaune-serin et le verd tendre.

Quand on veut bien se rappeler l'état ancien de notre commerce de draperies en Italie et dans le Levant, quand on le compare à ce qui existe encore de ce commerce depuis quelques années, quand on calcule les sommes énormes qui nous sont soustraites par les Anglais et les Allemands, on gémit d'une plaie si considérable faite à notre industrie.

Mais l'espérance du commerce renaît, et elle se change bientôt en une douce certitude, quand on examine la position dans laquelle nous sommes aujourd'hui placés par le génie qui nous gouverne, et quand on aperçoit combien il nous devient facile de reconquérir le commerce que nous avons perdu.

Notre influence sur l'Europe doit particulièrement se faire sentir en Italie, et les cir-

constances nous ont amenés à nous rendre
maîtres du commerce de cette partie de l'Europe, et conséquemment du commerce du
Levant.

Ce commerce doit appartenir à la nation
qui possède le port de Marseille, lorsqu'elle
a connu toute l'importance de cette possession, et qu'elle sait la mettre à profit. Que
doit-elle donc espérer, lorsque les avantages
immenses de ce port peuvent être augmentés
par le port de Gènes, qui étoit si utile aux
ennemis de notre industrie, lorsque Naples
et Venise, ces débouchés précieux pour eux,
lorsque Livourne, dont ils disposoient en
quelque sorte, appartiennent à ses amis et à
ses alliés les plus chers !

Il est bien vrai que tous ces avantages réunis ne rétabliroient pas le débit et la réputation de nos draperies dans l'Italie et dans
le Levant, si nous n'adoptions pas, en même
temps, les moyens de les rendre aussi parfaites qu'elles l'étoient ou qu'elles peuvent l'être,
parce que la première règle à suivre pour
bien vendre est de bien fabriquer. Mais ces
moyens sont faciles, et la plus simple réflexion sur les causes du discrédit successif
de nos londrins, suffira pour les indiquer.

(1) Les fabricans eux-mêmes ont été la première cause du discrédit de nos draps dans

(1) La plupart de nos fabricans avoient établi en principe , que le médiocre se vend aussi bien , et même plus
facilement que le bon, parce qu'il est à la portée d'un
plus grand nombre de consommateurs ; mais ils ne sen-
toient point que le véritable intérêt du fabricant, et en
même temps de l'État, n'est pas de beaucoup vendre une
ou deux fois , mais de vendre toujours, de s'assurer de
la continuité de la vente , même avec de moindres bénéfices ; ils ne vouloient pas considérer qu'une marchandise
de mauvaise qualité ou mal fabriquée tombe rapidement
en discrédit , surtout quand elle éprouve de la concurrence.

Quelques-uns de ces fabricans crioient contre les règlemens que réclament aujourd'hui beaucoup de fabricans
éclairés, et ils ne voyoient pas que ces règlemens sages et
fort simples , lorsqu'on les établit , ne s'étoient multipliés et n'étoient devenus rigoureux que par leur faute.
Depuis long-temps le gouvernement français avoit senti
qu'il falloit opposer une barrière aux abus que feroit
naître l'intérêt particulier , parce que le caractère propre
aux français d'être toujours pressés de jouir et de tout sa-
crifier pour accélérer cette jouissance , ne manqueroit pas
de diriger l'industrie contre ses propres intérêts.

Les résultats sont plus propres à persuader que les
meilleurs raisonnemens. En 1776, la fabrique de Car-
cassonne produisoit 53,401 pièces de draps ; la fabrication se négligea , la vente déchut, et en 1785 , la fabrication ne fut que de 13,714 pièces.

le Levant. Le gouvernement ne faisoit pas
assez d'attention aux travaux de nos manufactures, et l'avidité de quelques hommes a
été le germe de leur décadence. Cette inat-
tention du gouvernement étoit beaucoup
moins le résultat d'une négligence involon-
taire, que d'un système de prétendue liberté
qui commençoit à faire des progrès, et que
la révolution a développé d'une manière
effrayante.

Il est, sans doute, indifférent pour certaines industries qu'il y ait ou qu'il n'y ait pas
des règlemens qui leur soient relatifs, quoiqu'il fût peut-être aisé à démontrer, en traitant la matière *ex-professo*, qu'il y a bien
peu d'exceptions à faire.

Mais, je n'ai jamais conçu comment on
pouvoit abandonner à l'impéritie ou à l'avidité de quelques individus le sort d'une
branche importante du commerce national,
et je comprends encore moins comment l'industrie et le commerce sont seuls exceptés,
lorsqu'il s'agit de faire céder l'intérêt particulier à l'intérêt général. Il n'est pas jusqu'au
droit sacré de la propriété, dont l'exercice ne
soit restreint dans certains cas, non-seulement
lorsque l'intérêt général l'exige, mais même

quand cette restriction n'a qu'un intérêt local relatif au bien-être ou à l'avantage du plus grand nombre.

Et lorsqu'il s'agit de conserver les branches les plus précieuses de la richesse nationale, d'assurer l'existence de plusieurs millions d'individus, de consolider l'influence et la puissance de tout un peuple au milieu de tous les autres peuples, on se feroit un scrupule de donner quelque gêne à l'ignorance qui ne doute de rien, et à la cupidité qui sacrifie tout et qui ne connoît point de patrie (1)!

Nous avons cependant sous les yeux des

(1) Ceci étoit écrit depuis long-temps, lorsque le génie créateur de NAPOLÉON a proposé au Corps législatif le beau projet de loi des Prud'hommes, dont l'exécution, appliquée aux différentes villes manufacturières, sera pour la France, une source intarissable de richesses.

M. *Camille Pernon*, chargé par le Tribunat de défendre ce projet de loi au Corps législatif, l'a fait avec tout le succès que devoit se promettre l'un des plus distingués et des plus éclairés parmi les négocians et les manufacturiers de l'Europe. Je ne crains point d'invoquer son témoignage sur la vérité des principes qui dirigent ma plume. Il lui appartient mieux qu'à personne de démontrer que, s'ils ne sont pas conformes à quelques vaines théories, ils sont défendus par une longue expé-

exemples multipliés du danger de cette conduite.

rience et par la pratique de tous les véritables négocians.

  « Aussitôt, dit M. *Camille Pernon*, aussitôt que les
» lois et les coutumes qui avoient fait sa splendeur (de
» Lyon), n'existèrent plus, des hommes pervers, pré-
» tendant introduire jusques dans la fabrication des
» étoffes la licencieuse liberté du tems, leur donnèrent
» des qualités trompeuses qui devoient leur faire perdre
» la confiance de l'acheteur.... Dans cette situation, le
» chef auguste qui nous gouverne, dont l'œil est par-
» tout, et qui sait que, si les mœurs, l'ordre et l'écono-
» mie n'existent pas dans les ateliers, aucune entreprise
» de l'industrie ne sauroit avoir de succès permanens,
» s'est hâté d'y ramener ces institutions tutélaires, qui,
» formant l'homme au travail et à la vertu, assurent le
» bonheur des individus et la fortune publique. Déjà par
» ses arrêtés du 20 floréal dernier, il a ordonné que les
» tissus principaux des fabriques de Lyon fussent revêtus
» de marques qui assurent, dans les uns, leurs qualités
» intrinsèques; dans d'autres, la valeur des métaux qui en
» font partie, de manière que le consommateur ne peut
» plus aujourd'hui être trompé dans les étoffes qu'il
» achète sous cette garantie.

  » La loi que j'ai l'honneur de vous présenter en ce mo-
» ment, continue-t-il, est une suite de ces dispositions
» qui tendent à régénérer les manufactures françaises....
» Le dernier article de la loi, en déclarant que ses prin-
» cipes, modifiés selon les circonstances, sont applica-

Le sort de nos Londrins dans le Levant, fournit le premier : la mauvaise fabrication et la friponnerie de quelques fabricans du Languedoc a causé la chute de ce commerce, que l'observation des règlemens auroit conservé, comme elle en avoit fait la prospérité.

Nos toiles de Bretagne ont immensément

» bles aux autres villes de fabrique, proclame l'admis-
» sion d'un système bien propre à les faire fleurir toutes.
» Ces systèmes, en assimilant chaque cité à une grande
» famille qui a toujours un intérêt principal, dont les
» membres sont les meilleurs juges et les promoteurs les
» plus constans et les plus éclairés, l'achemine à devenir
» elle-même l'artisan de sa prospérité, la rend responsa-
» ble de sa conduite et de sa réputation, et fait, en un
» mot, que ses citoyens exercent réciproquement, sur
» l'industrie qui leur est commune, une surveillance dont
» l'activité est garantie par l'intérêt direct de chacun
» d'eux. Une inspection ainsi organisée est le meilleur,
» et peut-être l'unique frein qu'on puisse opposer effica-
» cement aux sourdes suggestions de l'intérêt particulier
» et aux lâches combinaisons de la fraude.... Ainsi,
» quand Lyon surveillera ses soieries, Rouen ses toiles,
» Louviers ses draps, Genève ses bijoux et ses montres,
» alors la France et l'étranger pourront acheter avec sé-
» curité les produits de l'industrie française, et la valeur
» commerciale de tous ces objets sera comme rehaussée
» par une prime équivalente à tout ce que leur fabrication
» aura gagné en fidélité ».

perdu de leur débit, surtout dans les possessions espagnoles de l'Amérique, depuis
que les fabricans n'ont pas été astreints à
des qualités, des longueurs et des largeurs.
Des étrangers adroits ont établi leur commerce sur la ruine du nôtre dont ils se sont
approprié plus des deux tiers, en se liant des
chaînes dont nos fabricans ont voulu se dé-
barrasser.

Nos étoffes de soie, et surtout celles de
soie noire, qui avoient un débouché considérable en Espagne, en ont perdu une
grande partie, depuis que des fabricans avides, secouant le joug des règlemens, ne se
sont appliqués qu'à donner à leurs nouvelles
étoffes un coup-d'œil attrayant et un prix
inférieur, en retranchant de la qualité.

Nos dorures de Lyon, qui avoient tant de
succès dans le Levant, et qui faisoient entrer
en France des sommes si importantes, ne
sont plus l'objet que d'un foible commerce,
depuis que la cupidité a imaginé le mi-fin,
que la friponnerie l'a quelquefois vendu pour
vrai, et qu'il n'y a pas eu, pour le consommateur peu éclairé, un caractère national,
une sorte de certificat ou signe légal qui lui
aidât à les distinguer.

Il seroit facile de multiplier encore ces exemples, pour démontrer l'erreur des écrivains qui font tout plier sous les principes d'une théorie qui n'est bonne que dans les livres; ces écrivains, à coup-sûr, n'ont jamais administré, ils n'ont ni fabriqué ni commercé. Que l'on interroge les véritables négocians, que l'on interroge surtout les fabricans estimables qui se sont toujours soumis aux règlemens, qui ont fait leur fortune avec les règlemens, qui ont vu disparoître, avec les règlemens, une bonne partie de leur commerce, et je passe condamnation s'il en est un seul qui ne les réclame aujourd'hui.

La première chose à faire pour le succès de nos londrins en Italie et dans le Levant, est donc de soumettre aux anciens règlemens, avec les modifications nécessitées par les circonstances et par le progrès des lumières, la fabrication des deux espèces de londrins, et d'encourager l'éducation des mérinos. Améliorons la qualité de nos laines, et multiplions leur quantité, il ne nous manquera plus rien (1). Nous fabriquons bien et mieux

(1) Les laines de Languedoc ont particulièrement besoin d'être améliorées, et elles peuvent l'être plus facilement que d'autres. On a calculé autrefois que la consom-

7

que personne, quand nous le voulons ; nos teinturiers sont plus habiles que partout ailleurs, et plus qu'ailleurs nous avons le bon marché de la main-d'œuvre.

La fabrication des châlons encouragée, nous parviendrons bientôt à leur perfection. Elle est d'autant plus importante pour nous, que le débit de ces étoffes est prodigieux, à raison de la modicité de leur prix, et que nous pouvons y employer nos laines du Cher, de l'Allier et de quelques autres départemens.

Quant au succès des draps allemands, il doit peu nous inquiéter ; nous sommes même dans une position assez heureuse pour chercher à l'augmenter. En effet, la plupart des draps, connus sous le nom de *Leipzig*, sont fabriqués à Aix-la-Chapelle qui appartient

mation de ses fabriques étoit de 120,000 quintaux, et que le pays n'en fournissoit que 40,000. Il est donc bien important de multiplier dans ce pays les prairies artificielles, de propager l'espèce des bêtes à laine et d'en perfectionner les races. Cette doctrine salutaire n'a pas encore persuadé beaucoup de propriétaires. Il en est cependant quelques-uns qui ont commencé à donner l'exemple : espérons qu'ils ne se rebuteront pas, et qu'ils trouveront des imitateurs.

à l'Empire français : le reste des fabriques allemandes est bien inférieur.

Les Vénitiens ont aussi imité les londrins seconds, et leur succès eût été complet, si leurs couleurs eussent été aussi solides et aussi brillantes que les nôtres. Ils peuvent parvenir à obtenir ce qui leur manque ; et si nos fabricans, d'un autre côté, continuent d'avoir une fabrication vicieuse, les londrins seconds vénitiens finiront par triompher des nôtres. Le bon marché les aidera encore dans cette lutte, et d'ailleurs, malgré leur imperfection, il ne laisse pas de s'en vendre, parce qu'on les troque contre les produits du pays les plus avilis, ce qui est d'une excellente politique pour une industrie imparfaite dont on veut favoriser les produits.

Venise a un succès plus décidé pour ses *sayes* dont on n'a pas encore pu égaler le beau ponceau. Ces draps, distingués par leur finesse et par leur corps, imperméables à l'eau, sont très-estimés dans le Levant, où on les destine à faire des surtouts et des manteaux. Cependant cet article n'est pas d'une haute importance.

Nous ne pouvons redouter la concurrence des draperies hollandaises. On en vend quelques parties dans le Levant, parce que les Hollandais fabriquent un drap assez fort qui tient le milieu entre les londrins et les leipzig; mais leurs couleurs sont mauvaises, et la vente est peu considérable.

Enfin, il dépend du Gouvernement de soutenir la draperie française dans le Levant, en rétablissant les règlemens, encourageant l'amélioration et la multiplication des laines, et en même temps la fabrication des châlons et le perfectionnement de la teinture en laine.

Il ne faut jamais oublier que les draps sont un article essentiel dans le commerce du Levant, et que la nation qui fournira la draperie à ce commerce, aura nécessairement la prépondérance pour tout le reste, parce qu'il est reconnu que celle qui, dans un marché, fournit l'objet principal, doit aussi fournir les objets accessoires.

Toileries.

Nous sommes forcés d'avouer l'infériorité de notre commerce de toileries en Italie et dans le Levant, tandis qu'il ne nous manque rien pour l'entretenir à notre avantage. Examinons par quelle fatalité nous ne jouissons pas des bénéfices qu'il seroit si facile de nous assurer.

Et d'abord, parlons des toileries de l'Inde, qui composent une partie de la grande parure dans le Levant. Elles diminuent chaque jour de consommation, à cause de leur excessive cherté ; mais les Anglais font le plus grand débit de leurs mousselines. Notre concurrence, si elle étoit suivie et bien entendue, feroit bientôt baisser le prix de ces toileries, et devroit remettre entre nos mains la fourniture de tout ce qui vient de l'Inde.

En effet, quelle est la situation de ce commerce? Il se partage entre les Arméniens, les Anglais et les Hollandais.

Le principal entrepôt des Arméniens est à Constantinople ; celui des Anglais à Londres, et celui des Hollandais à Amsterdam.

Les Arméniens font les fonds de leur commerce de l'Inde à Constantinople, à Smyrne ou à Brousse. Ces fonds sont ordinairement composés de trois quarts en espèces et d'un quart en marchandises. Les espèces et les marchandises sont expédiées par caravanes à Diarbékir ; de Diarbékir à Bagdad ; de Bagdad à Bassora, d'où on les expédie par mer à Calcutta

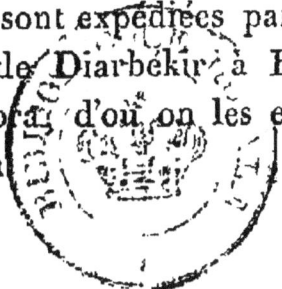

Les Arméniens empruntent le pavillon anglais pour leurs retours, de Calcutta dans le golfe Persique. Arrivés à un des ports du golfe, ces retours sont versés sur des saïques du pays, qui remontent le fleuve jusqu'à Bassora. Ils prennent ensuite trois routes différentes, celle de Diarbékir, celle d'Alep, ou la route de Damas. Cette dernière, qui traverse l'intérieur du désert, est la plus courte, mais la moins suivie. Elle conduit à la rade de Béryte, très-fréquentée par les bâtimens destinés à charger pour Constantinople. La route de Diarbékir est la plus suivie. On charge les balles, à Bassora, sur des bateaux qui remontent le Tygre jusqu'à Bagdad ou à Mossoul; des caravanes les portent ensuite jusqu'à Diarbékir. Là, on refait les balles, et on les porte à dos de mulets jusqu'à Constantinople. Par la route d'Alep, qui longe le désert, les marchandises sont transportées à dos de chameaux de Bassora à Alep, d'Alep à Alexandrette ou à Latakie, où elles sont embarquées pour leur destination.

Quelque route que prennent les Arméniens, il ne leur faut pas moins d'un an pour l'aller, et d'un an pour le retour, espace de temps durant lequel les marchandises sont en route aux risques du propriétaire, qui ne peut se mettre à l'abri par des assurances.

D'ailleurs, le transport par terre froisse et gâte la marchandise ; en sorte qu'on peut évaluer au moins à 5 pour 100 les avaries qui sont l'effet nécessaire de ce trajet.

En résultat, si l'on ajoute les pertes, les frais et le temps au prix d'un bénéfice modique, il doit y avoir 100 pour 100 de différence du prix d'achat au prix de la vente.

Les Anglais et les Hollandais, malgré l'énormité de leurs droits, soutiennent la concurrence des Arméniens dans le Levant, et même ils livrent souvent la marchandise à plus bas prix qu'eux, parce qu'ils ne se servent pas de la voie de terre. Il ne leur en coûte guères plus de 74 pour 100, sans compter cependant les frais occasionnés par le commissionnaire du Levant et les droits des douanes turques.

D'après ces détails, que j'emprunte à l'excellent ouvrage de M. *Félix-Beaujour,* que d'avantages pour les négocians français qui feroient directement le commerce des toileries de l'Inde !

Dans l'état actuel des choses, il ne manqueroit aux Arméniens que de ne pas emprunter la voie de terre, pour s'assurer une supériorité décidée et même très-considérable sur les Anglais et les Hollandais. Nous sommes, pour ce commerce, dans une position beaucoup plus favorable que les Arméniens.

1°. Nos marchandises sont plus recherchées dans l'Inde que celles qui sont fournies par eux, et il n'existe pas une nation qui puisse offrir à cette partie du monde des assortimens plus complets et plus variés.

2°. Nos envois se font ordinairement moitié en espèces et moitié en marchandises. Il est possible qu'avec des soins, un commerce actif et des observations suivies sur les besoins et sur le goût des peuples de l'Inde, nous parvenions à ne joindre à nos envois qu'un quart en espèces ; mais dans la situation actuelle, nous sommes déjà mieux traités à cet égard que les Arméniens, et nous pouvons réaliser plus promptement et plus avantageusement.

3°. Nous avons moins de chances à craindre par mer ; les assurances couvrent les risques auxquels nous sommes exposés.

4°. Nous employons moins de temps, et il ne nous en coûte pas plus de 20 et tout au

plus 25 pour cent. Les Anglais et les Hollandais pourroient-ils nous le disputer?

Nos possessions en Asie sont donc pour
notre commerce du plus haut intérêt, et je
ne puis comprendre comment quelques écrivains ont osé révoquer cette vérité en doute.
Que seroit-ce donc, si l'on trouvoit le moyen
de faciliter le commerce de l'Inde par une
route plus directe ?

Si nous y reprenons notre commerce, nous
pourrons seuls rivaliser avec toutes les nations, et même les supplanter pour le commerce des toileries dans le Levant, en faisant aboutir nos cargaisons à Marseille. C'est
un objet immense qui s'élève à plus de quinze
millions de piastres, seulement pour la Turquie et la Grèce.

Mais s'il est douloureux pour nous de n'a-
voir pas su jusqu'à présent nous assurer en Italie et dans le Levant la prééminence du commerce des toileries de l'Inde, nous avons à nous
reprocher également de ne pas nous y distinguer dans celui des toileries européennes.

Les Allemands en font un commerce considérable dans ces contrées. Trois articles
composent leurs envois : les indiennes, les
mousselines et les toiles ouvrées.

Les indiennes qui ont le plus de cours, se fabriquent en Autriche. Celles de Saxe sont très-recherchées à Constantinople ; mais dans la Grèce, on préfère les *calancas* qui se fabriquent à Plauen, dans le Voigtland. Avant la révolution, Marseille envoyoit des indiennes plus goûtées que celles d'Allemagne ; leur tissu étoit plus fin, leurs couleurs plus vives, leurs dessins plus corrects. Les indiennes qui s'imprimoient à Avignon et dans le Béarn, n'avoient pas moins de succès.

Il est bien singulier que l'Allemagne figure avec tant d'avantage dans le commerce des mousselines communes en Italie et dans le Levant. Elles sont fournies par la Saxe, la Bohème, l'Autriche antérieure et par les cantons de Saint-Gall et d'Appenzell.

La matière première de ces tissus n'appartient pas plus à l'Allemagne qu'à nous ; elle est obligée de faire venir par terre, et conséquemment à plus grands frais, le coton qui nous arrive par mer. Et nous avons tant de villes et de villages où les bras sont à bon marché, et qui trouvent à peine de quoi s'occuper pendant la moitié de l'année ! Et nous pourrions établir tant de filatures qui nous manquent !

Les toiles unies d'Allemagne, qui ont la préférence en Italie et dans le Levant, sont celles de la Carinthie et de la Basse-Autriche; mais cet objet est fort peu important.

Il n'en est pas de même des toiles ouvrées; c'est un produit de quatre à cinq cent mille piastres pour Vienne, Trieste et Venise. Les Français et les Hollandais font beaucoup mieux, mais ils vendent plus cher et beaucoup moins.

Soies et soieries.

La soie est, par elle-même, un objet de commerce considérable. L'Angleterre, qui n'en produit point, mais qui en consomme des quantités énormes dans ses fabriques, en achète annuellement plus de cinq mille balles (à cent liv. sterl. l'une), dont un cinquième lui vient de la Chine, deux cinquièmes de la Turquie, et deux cinquièmes de l'Italie.

Cependant, vers la fin du 17e. siècle, il n'y avoit pas en Angleterre au-delà de huit cents métiers sur lesquels la soie fût employée. L'activité des Anglais en augmenta bientôt le nombre, et dès 1713, leur seule fabrique de taffetas noir rapportoit annuellement trois cent mille liv. sterl.

Cependant jusqu'en 1721, nos fabriques de soie faisoient passer en Angleterre pour plus de cinq cent mille liv. sterl. de leurs produits.

Sept ou huit ans après, cette industrie avoit pris de tels accroissemens en Angleterre, qu'elle produisoit déjà la somme énorme de deux millions st., au rapport d'un anonyme anglais, qui donna en 1728 le plan du commerce de sa nation. Il peut sans doute avoir exagéré ; mais ce qu'il y a de certain, c'est qu'à cette époque l'Angleterre ne tiroit plus de nos étoffes de soie que pour cent vingt mille liv. st.

Aujourd'hui le seul tirage de la soie occupe plus de quarante mille personnes à Londres et dans les environs. Les principales étoffes de soie des manufactures anglaises, sont des moires ondées et tabisées, des taffetas, des toiles de soie, des dentelles de soie, des bas de soie au métier dont les Anglais ont reçu l'invention d'un Français, des rubans, des satins, des damas, etc. Toutes ces productions sont en général fort inférieures à celles de nos fabriques, et même à celles des fabriques d'Italie. Les taffetas anglais qui avoient acquis une grande réputation, ont été si bien

imités à Lyon, qu'ils n'ont pu conserver cette
supériorité, attendu que nous les donnons à
beaucoup meilleur marché. Les Anglais réus-
sissent assez bien dans les étoffes mélangées
où la soie n'est qu'accessoire; mais, malgré
l'activité de leur industrie et de leurs spéculations, ils n'ont pu parvenir à s'emparer du
principal commerce des soieries en Italie et
dans le Levant, puisqu'ils évaluent eux-
mêmes à deux cent mille liv. st. l'importation
des étoffes de soie étrangères.

Il n'en est pas moins vrai, comme on le
verra d'une manière plus détaillée dans la
seconde partie de ce Mémoire, que la réunion du Piémont et de l'état de Gènes à la
France, doit porter le coup le plus funeste à
cette branche de leur commerce, et qu'il
peut exister une telle combinaison de mesures conservatrices de la part de la France,
qui ruine entièrement plusieurs de leurs fabriques.

La France est, sous ce point de vue, dans
la situation la plus heureuse : elle produit
beaucoup de soie qu'elle emploie, et elle a
acquis des pays qui lui en donneront en plus
grande quantité et de la meilleure qualité;
enfin, l'industrie qui emploie la soie, est

peut-être la partie la plus brillante de son
commerce, et celle qui est le plus susceptible
d'amélioration. Quelle est la nation assez
riche et assez industrieuse pour oser entrer
en concurrence avec celle qui possède la ville
de Lyon, cette ville unique en son genre,
dans laquelle on ne sait ce qu'on doit le plus
admirer de la merveilleuse industrie de ses
habitans, ou de la rectitude et de la prodigieuse fécondité de leurs vues commerciales?
Il existe certainement des villes manufacturières dans lesquelles l'industrie est poussée
au plus haut degré, et dont l'activité est une
source de richesses, mais où trouver une
ville située comme Lyon, qui connoisse aussi
bien et en même temps le commerce de fabrique et le grand commerce, et dont les habitans, animés dès leur première jeunesse de ce
double esprit de commerce et d'industrie,
soient constamment occupés de tout ce qui
tend à la gloire et à la prospérité de leur patrie?

Cependant nous sommes forcés d'avouer
que nous n'avons pas la prééminence du commerce des soieries dans le Levant. Florence,
Naples, Messine, Gènes, Bologne, Lucques
et Pise, se sont emparées depuis long-temps
de la plus grande partie de ce commerce.

Les satins et les taffetas de Florence, les tabis, les moires et les gros de Naples et de Messine, les gazes de Bologne, les damas et les velours de Gènes, Lucques et Pise, circulent dans le Levant avec le plus grand succès, parce que le bon marché de la main-d'œuvre permet de les vendre à un moindre prix.

Nous fabriquons, en général, mieux que les Italiens, et si la fabrique de Lyon avoit voulu y faire quelque attention, elle auroit réussi à s'emparer de la majeure partie du commerce des soieries, comme elle y a réussi pour les galons de soie, les mouchoirs pour ceintures et pour turbans, les brocarts pour les vestes à la turque, et les soieries brochées.

Nous ne pouvons pas, à la vérité, espérer de vendre à plus bas prix que les Italiens ; mais nous pouvons mieux fabriquer, et cela s'entend non-seulement de l'exactitude et du soin de la fabrication, mais encore de sa conformité avec le goût bon ou mauvais du pays auquel on la destine. C'est un point que nous négligeons trop souvent, et cette négligence a souvent occasionné des spéculations ruineuses de la part de quelques fabricans et négocians.

La réunion de Gènes nous assure la prépondérauce dans le commerce des velours unis. Il faut convenir que les velours de Gènes, et surtout les velours noirs, ont des perfections qui manquent aux nôtres, et qu'il ne tiendroit qu'à nous de leur donner. N'étoit-il pas honteux que la nation qui a le bonheur de posséder la ville de Lyon, vît, avec indifférence, avant la révolution, des importations de velours pour des sommes considérables, tous les ans ? Il ne s'agissoit cependant, pour éviter cette dépense, que d'adopter les excellens règlemens d'Italie pour cette fabrication, et des procédés supérieurs à ceux que nous employons.

Une expérience qui nous coûte si cher, et la position dans laquelle nous venons d'être placés, nous éclaireront, je l'espère, sur nos véritables intérêts, et ranimeront le feu sacré de l'émulation que la guerre et les troubles intérieurs avoient, pour ainsi dire, éteint parmi nous. C'est un besoin d'autant plus pressant, que nous servons de point de mire à l'industrie étrangère qui ne néglige aucune occasion de s'emparer de nos dépouilles.

Il s'élève encore, pour le commerce des soieries, une nouvelle rivale que nous n'aurions jamais dû soupçonner. La Russie envoie déja, dans le Levant, des taffetas, des gazes, des galons, même des velours de ses fabriques, presqu'aussi beaux et encore moins chers que ceux de Gênes. Ces étoffes proviennent des soies de Casan, d'Astracan et de Perse. Jusqu'à présent elles n'ont pas donné de produits considérables : néanmoins le débit qu'elles ont déja obtenu, mérite d'être pris en considération.

Je voudrois qu'il me fût possible d'entrer dans quelques détails sur ces nouveaux établissemens du nord de l'Europe. Ils donneroient peut-être la triste certitude qu'ils ont été formés par des Français. Quelle douloureuse réflexion pour un homme qui aime son pays, et qui en connoît les véritables intérêts, lorsqu'il observe que la plupart des industries qui font la base principale de nos richesses commerciales, ont été données par des Français à des nations rivales ou ennemies ! Un pareil oubli de tous les principes de l'honneur et du patriotisme, ne peut être que le résultat de l'égoïsme le plus coupable ou de l'injustice de ceux qui gouvernent. Encourageons les arts et le commerce qui nous nourrissent, et par lesquels seuls nous sommes forts et puis-

8

sans; honorons nos fabricans et nos négocians, détruisons les obstacles qui peuvent
s'opposer aux progrès de leur industrie et de
leurs spéculations, nous ne verrons plus alors
ces exemples fâcheux d'une insouciance qui
ne peut exister avec l'esprit public.

L'histoire des différentes espèces d'industrie dans tous les pays du monde, seroit aussi
curieuse qu'utile. Nous y verrions que nous
avons constamment excité l'émulation jalouse des autres nations, qu'elles nous ont
constamment pris pour modèles, et qu'elles
ont presque toujours eu besoin d'employer
des Français pour rivaliser l'industrie française.

C'est ainsi que dans le siècle qui vient de
s'écouler, les premières fabriques de soieries
dans le royaume de Naples, furent établies
par des Français; que les Anglais ont dû à un
Français l'invention des bas au métier et
leurs fabriques de rubans; que des Français
ont fondé les fabriques espagnoles; et que la
première fabrique de Florence et, par suite,
de toute l'Italie, a été établie par un dessi-
nateur de Lyon, appelé *Fetan de Saint-
Clair*; sorti de France par mécontentement.
Il s'appliqua à imiter les étoffes de Lyon, en

adoptant les dimensions de ces étoffes qu'on vendoit et qu'on vend encore comme étoffes de France. Ce fabricant a fait des élèves qui travaillent fort bien, et qui trouvent le débouché de leurs produits à Naples, à Rome et à Venise. Cette manufacture occupoit quatre-vingts métiers, il y a six ou sept ans. Il est bien vrai que ses étoffes ne sont pas aussi parfaites que celles de Lyon; mais elles sont beaucoup moins chères, ce qui leur donne un écoulement plus prompt et plus facile.

La fabrique de Lyon est la mère de toutes celles qui se sont établies chez l'étranger, et ce sont, en général, des Lyonnais qui les ont formées.

Dès 1775, il y avoit environ douze cents métiers à Berlin; la Prusse les devoit à un fabricant de Lyon, qui avoit emmené avec lui plusieurs bons ouvriers, et qui s'y établit après avoir parcouru l'Allemagne et la Hollande.

Ce sont des Lyonnais qui ont monté les manufactures de Manheim; ce sont des Lyonnais qui ont perfectionné les métiers de Vienne, montés pour le genre le plus commun et peu nombreux, jusqu'à leur arrivée.

C'est par un Lyonnais que les velours ont
été établis en Hollande ; ce sont encore des
Lyonnais qui ont monté la manufacture de
Talavera en Espagne.

Ce dernier établissement a fait un tort
presque irréparable à la fabrique française,
parce qu'il a été suivi par d'autres également
formés par des Lyonnais et des Languedo-
ciens qui ont passé en Espagne.

Valence, Sarragosse, Séville, Murcie,
Grenade, Barcelonne, emploient aujour-
d'hui la soie d'une manière utile et avec assez
de succès. Valence est le lieu où il se fabrique le plus d'étoffes de soie ; on y a compté
jusqu'à cinq mille métiers pour les étoffes,
six cents pour les rubans, les galons et la
passementerie, et cinq cents pour la bonneterie de soie.

Ces produits sont, à la vérité, très-impar-
faits, et ils ne peuvent résister à notre concurrence ; mais ils trouvent des consommateurs dans les Indes ; ils consomment une
grande quantité de soie du cru de l'Espagne,
et ils sont à plus d'un quart meilleur marché
qu'en France.

Les autres établissemens, parmi lesquels
se distinguent les fabriques de galons d'or et

d'argent de Barcelonne et de Séville, et celle de mouchoirs de soie de Barcelonne, ont aussi été formés par des Français.

C'est un Français, un fabricant d'Amiens, qui a établi la fabrique de camelot poil et soie à Berlin.

Bonneterie.

Personne ne peut lutter avec la France pour la bonneterie de soie et de laine, si nous profitons de tous nos avantages. Cependant les Anglais, malgré la cherté de leur main-d'œuvre, nous ont rivalisés avec trop de bonheur dans quelques contrées, surtout en Italie. Leurs progrès dans le commerce de cette branche d'industrie ne nous alarment plus, ou bien foiblement depuis la réunion, puisque ses principaux débouchés étoient presque bornés à Gènes, Livourne et Venise.

J'aurai l'occasion de faire quelques additions à cet article dans la seconde partie de ce Mémoire.

Papeterie.

Les deux villes d'Italie, pour lesquelles la papeterie est un objet considérable de commerce, sont Venise et Gènes.

Les papiers de Venise, fabriqués pour les roseaux qui tiennent lieu de plumes aux Turcs, sont blancs, épais et très-unis. On en estime les différentes sortes, à raison de leur force et de leur pesanteur.

Les papiers génois, plus légers et moins coûteux que ceux de Venise, ont aussi beaucoup de débit dans le Levant, où on les emploie pour tenir lieu de vitres. Ce débit, réuni à celui de Venise, fait un objet annuel d'un million deux cent mille piastres environ.

Gènes a l'avantage de vendre, en Europe et dans les colonies, une quantité énorme de papiers. Elle tire la plus grande partie de ses matières premières d'Espagne, et elle exporte de grandes quantités de papiers en Espagne, en Portugal, en Angleterre et dans toutes les colonies d'Amérique, où ce papier est fort recherché, parce qu'il n'est point attaqué par les insectes. Maintenant que Gènes appartient à la France, cette industrie doit être puissamment encouragée ; elle est une de celles qui conviennent le plus à des départemens qui ont très-peu de sol en valeur.

Jusqu'à présent la France n'a presque été pour rien dans le commerce de papier en Italie et dans le Levant. Le peu de papier

français qui circule en Turquie, est trop cher,
et il manque d'apprêt. Il nous seroit cependant bien facile d'avoir, dans ces contrées,
un débit considérable de nos papiers, surtout des papiers communs gommés et non
gommés, et des papiers d'emballage. Les
matières premières nous coûteroient bien
peu, si nous voulions profiter des essais heureux que nous devons à quelques-uns de nos
fabricans, tels que M. *Léorier de l'Isle*, de
Montargis, M. *Rousseau*, de Clairvaux, qui
ont fait du papier de guimauve, d'écorce de
tilleul, de paille, etc. Ce qui ne nous a paru
qu'un essai propre à piquer la curiosité, pourroit faire l'objet d'un gros commerce. Combien de substances inutiles pourroient être
ainsi utilisées ! Les vieux cordages mêmes
nous donneroient facilement un papier marchand qui seroit recherché.

Cuivres et Dorures.

C'est un article majeur dans le Levant. Les
Allemands sont en possession de le fournir
presque en entier. Le cuivre consiste en chaudières, bassines, batterie de cuisine et autres
ustensiles de ménage. La batterie de cuisine se fabrique particulièrement à Vienne

et à Neuwied. Celle de Vienne est préférée, parce que les ouvrages y sont tout d'une pièce.

On fabrique à Vienne des fils d'or et d'argent, des galons et des réseaux, qui font tort à nos dorures de Lyon, quoiqu'ils n'en approchent pas pour la solidité et pour le goût; mais le bon marché et le brillant leur donnent la vogue.

Le débit de nos dorures dans le Levant, est diminué des deux tiers. Les mauvais galons de Venise, de Constantinople et de Vienne, ont supplanté les nôtres. J'ai déjà indiqué la première cause de cette décadence. La seconde vient de ce que nos fabricans ne veulent pas se conformer au goût bizarre des Levantins pour le clinquant. Comment nos beaux galons réussiroient-ils dans un pays où l'on n'aime que les petites franges, les dentelles et les agrémens qui brillent!

On vernit très-agréablement, en Allemagne, des ouvrages de fer-blanc; ils sont déjà recherchés dans quelques villes de Turquie et de Grèce; mais ils ne sont pas assez répandus, pour que nous ne puissions pas nous emparer de cette petite branche de com-

merce, si nous voulons faire connoître nos
manufactures de ce genre, et préparer des
ouvrages de défaite. MM. *Deharme* et
Dubaux pourroient diriger, avec succès,
les travaux de leurs ateliers vers cette destination.

Autres branches d'industrie.

Je n'ai point prétendu parcourir successivement et sans aucune exception, toutes les
branches d'industrie qui peuvent entrer dans
le commerce de l'Italie et du Levant; je ren-
voie, pour ces détails, à l'ouvrage de M. *Félix Beaujour;* mais je me suis contenté de
rappeler ici les branches d'industrie les plus
importantes pour ce commerce, et celles
dans lesquelles nous devons chercher à acquérir la supériorité.

L'horlogerie et la bijouterie auroient pu
être comprises parmi celles dont j'ai parlé
jusqu'à présent, si j'avois pu présumer que
mes observations nécessairement très-con-
cises, pussent éclairer ceux qui se livrent à
ces industries. Il me suffira de leur représen-
ter que l'horlogerie seule rapporte annuellement aux Anglais, près d'un million et demi
de piastres, tandis que notre commerce en

ce genre ne compte presque pour rien dans le Levant. Il n'en faut pas conclure que nous fabriquons moins bien, ou que nous ne pouvons pas donner à si bon marché que les Anglais. Nous pouvons, au contraire, donner à plus bas prix, surtout depuis que Genève appartient à la France ; nos ouvriers sont excellens, nous avons, au plus haut degré, l'art de faire de jolies boîtes, mais nous ne savons pas nous astreindre, comme les Anglais, au goût bizarre des consommateurs turcs, qui veulent des montres grosses et plattes, à triple caisse, deux en argent et la troisième en écaille, et qui estiment ces montres au poids. La boîte d'écaille qui recouvre les deux boîtes d'argent , doit surtout être bien travaillée.

Nous n'avons pas de grands succès à espérer pour la bijouterie et l'orfévrerie ; tout au plus pourrions-nous vendre aux Levantins quelques ouvrages unis ; mais il ne tiendroit qu'à nous d'avoir un assez grand débit des ouvrages émaillés, si nous donnions aux émaux destinés pour le Levant, l'éclat et la vivacité qu'on y recherche, et si nous avions l'attention de n'y peindre que des paysages et des fleurs.

. Les Anglais et les Allemands fournissent les aciers au Levant ; les premiers pour les ouvrages fins et délicats, les seconds pour les ouvrages grossiers, et en particulier pour les instrumens de culture. C'est, pour les Allemands seuls, un article d'au moins soixante mille piastres.

Venise étoit autrefois en possession de fournir l'Italie et le Levant de verres de toute espèce : la France et l'Allemagne lui ont enlevé ce commerce, et elle n'exporte plus que quelques mauvaises vitres qui, malgré leur imperfection, lui conservent encore un bénéfice assez considérable. Ce sont des glaces et des bouteilles noires que la France envoie dans le Levant, mais elle ne tire pas, de cet article de commerce, tout le profit qu'elle pourroit en tirer ; l'Allemagne a la supériorité pour les vases et les verreries de fantaisie. Il ne tiendroit qu'à nous de l'obtenir, mais il faudroit, pour cela, que nos fabriques donnassent à un aussi bas prix que les fabriques allemandes, et que surtout elles étudiassent le goût des consommateurs levantins. Ils veulent des vitres, des vases, des lustres, des globes creux, des gobelets rayés, émaillés et à bords dorés, des objets qui, à

l'aide d'un vernis, imitent la porcelaine ; en
un mot, de mauvais articles de commerce
pour tout autre pays.

On juge, d'après ce détail, que les Turcs
et les Grecs ne savent pas apprécier la belle
porcelaine. Aussi n'en consomment-ils presque
que de la commune. Ils n'offriront donc pas
un grand débouché à la porcelaine de Sèvres,
qui est, sans contredit, la première de toutes. Quelques articles des fabriques de Dresde
et de Berlin, se débitent à Constantinople;
mais la porcelaine de Vienne est celle qui a
le plus de cours, malgré sa grande imperfection.

Tabacs.

Le tabac est devenu, chez presque tous
les peuples du monde, un objet de culture,
d'échange et de consommation journalière.
C'est une branche très-importante du commerce français. Quelques-uns de nos départemens fournissent une partie de la
consommation, mais la plus forte partie
se tire des Etats-Unis de l'Amérique. Il faut
que ce commerce offre de grands bénéfices, puisqu'il est suivi avec tant d'empressement, et que nous sommes cependant obli-

gés de solder en écus les tabacs que nous importons.

Nous pourrions faire un double bénéfice, en recevant, comme M. *Beaujour* le propose, les tabacs de Macédoine, qui deviendroient alors une branche intéressante du commerce du Levant. Il en entre déjà des parties considérables en Italie, où on le mélange, pour le fumer, avec les tabacs de Dalmatie et de Croatie. Leur importation à Marseille nous seroit utile; indépendamment du bénéfice à la vente, nous assurerions un débouché de plus, et conséquemment un autre bénéfice à nos manufactures, parce que nous solderions entièrement cette importation en draps et autres objets d'industrie.

Mais alors il faut faire strictement exécuter l'article 1er de la loi du 5 septembre 1792, qui porte que les tabacs en feuilles du Levant seront admis en balles. Cette méthode de transport est utile pour cette qualité de tabac, et jamais on ne parviendroit à déterminer les Macédoniens à le mettre en boucauts. Il y a d'ailleurs pour cette manière de le transporter, un grand avantage, c'est qu'on en met une plus grande quantité sur le même

bâtiment. Cette considération est d'une haute
importance pour le commerce.

Port de Marseille.

Marseille est, parmi les villes maritimes
de la France, ce que Lyon (1) est parmi les

(1) Je voudrois qu'il me fût permis de développer ici
l'opinion que j'ai toujours eue de la ville de Lyon ; non-
seulement sous le point de vue de sa situation physique
et manufacturière, mais encore relativement au moral de
ses habitans. Cette ville, au moins la seconde de l'Empire sous tous les rapports, et la première de toutes les
villes manufacturières, a été trop souvent méconnue et
calomniée. M. *Camille Pernon* l'a bien vengée dans son
discours au Corps législatif pour l'admission de la loi des
Prud'hommes. Je ne puis m'empêcher de rapporter ici un
passage de ce discours qui retrace mes sentimens mieux
que je ne pourrois le faire.

« La ville de Lyon, dit-il, pendant le siècle qui vient
» de s'écouler, renferma dans son sein une population
» nombreuse composée d'hommes industrieux, dont
» une grande partie a péri en défendant avec énergie et
» courage des coutumes et des lois protectrices des
» mœurs et de la prospérité publiques.

» Leur industrieuse activité, leur probité sévère, avoient
» donné au commerce dont ils s'occupoient, une telle
» étendue, les produits de leurs manufactures jouis-
» soient dans l'étranger d'une telle confiance, qu'on vit
» pendant cette période de temps les travaux de cette

villes manufacturières; la situation de ces deux places est unique.

Que l'on cherche en Europe un port commode, creusé dans un bassin fermé de toutes parts, entouré, dans sa rade, d'îles qui présentent aux navigateurs le plus facile abord, qui communique aisément aux deux mers; qui, situé sur les limites de l'Europe, en face de l'Afrique, à côté de l'Asie, fasse de la nation qui le possède, le centre du monde; et si ce port existe, on n'en trouvera pas un second dans l'univers.

Ce port est celui de Marseille. Il n'est pas une nation civilisée et commerçante qui ne l'achetât au prix de plusieurs provinces, et cependant on le confond avec un grand nombre d'autres, sous prétexte de liberté et de justice distributive (1).

» ville florissante ajouter chaque année à la richesse nationale soixante millions de numéraire. C'est ainsi » qu'une cité aussi célèbre par ses malheurs que par la » loyauté de ses habitans, augmentoit les ressources et » la force de l'Etat, et s'acquittoit envers lui de la pro- » tection sous laquelle s'exerçoit son industrie ».

. (1) « Marseille, retraite nécessaire au milieu d'une » mer orageuse : Marseille, ce lieu où tous les vents, les » bancs de la mer, la disposition des côtes, ordonnent » de toucher. » *Montesquieu.*

On a bien senti qu'un entrepôt étoit nécessaire à Marseille, et la loi du 8 floréal an 11, le lui accorde ; mais cette même loi fait partager cette faveur à un grand nombre d'autres ports, ce qui paralyse presque entièrement le succès de la mesure.

C'est ainsi que l'on sacrifie quelquefois une partie de la prospérité publique à une théorie qu'on adopte ; c'est ainsi qu'on se laisse conduire, sans le savoir, par les allégations spécieuses de quelques intérêts particuliers, ou même indirectement par les suggestions d'une nation ennemie.

On ne risque jamais de s'égarer, quand on prend les faits pour guides. Avant de se déterminer à abandonner les anciens erremens pour le port de Marseille, il falloit se demander quel avoit été le résultat de l'expérience.

A l'époque où le grand *Colbert* fit ses règlemens pour le commerce du Levant, en 1669, la somme des importations et des exportations s'éleva à trois millions sept cent mille livres. Ce commerce prit alors un essor surprenant jusqu'en 1781, qu'on donna la liberté du commerce du Levant aux étrangers, en leur défendant seulement la dra-

perie. Aussi en 1782, la somme des importations et des exportations, qui avoit été
infiniment supérieure dans les années précédentes , tomba-t-elle à quarante-huit
millions.

Frappé des résultats de cette fausse mesure,
l'ancien Gouvernement rétablit, en 1785,
le règlement de *Colbert* dans son intégrité ,
et jusqu'à la révolution, le commerce du
Levant atteignit le plus haut point de prospérité. En 1790 , la somme des importations
et des exportations monta à soixante-dix millions.

Si tel fut l'effet d'un seul changement aux
règlemens de 1669, il est facile d'apercevoir le résultat désastreux de notre commerce du Levant, quand ces règlemens ont
été attaqués dans toutes leurs parties.

Il ne faut point s'étonner de l'issue admirable des règlemens de *Colbert*; ils étoient
fondés sur la nature. C'étoit en étudiant la
position du port de Marseille, en méditant
sur ses avantages, que cet homme d'état l'a-
voit reconnu comme le centre naturel du
commerce du Levant.

Et cela est si vrai, que, malgré la destruction de ces règlemens , malgré les désordres

9

civils qui ont troublé ensuite et anéanti notre commerce, la force de la situation de Marseille l'appelle encore à la même destination, si l'on veut examiner ce qui s'est passé depuis.

On trouvera que, de tous les ports de France, c'est celui qui a pris le plus de part au commerce total de la France, particulièrement à celui d'Italie, conséquemment au commerce du Levant. Cherchons-en la preuve dans l'état des bâtimens de commerce de toutes les nations, entrés dans tous les ports de France en 1792.

Le nombre de ces bâtimens fut de sept mille cinq cent vingt-sept, dont le tonnage réuni donnoit sept cent soixante-douze mille trois cent quatre-vingt-onze tonneaux. Marseille seule en reçut deux mille cinquante-quatre dont le tonnage fut de deux cent quinze mille trois cent cinquante-deux tonneaux.

Parmi ces bâtimens, il y en eut dix-huit cent cinquante-six appartenant à l'Italie, savoir :

Des états de Sardaigne, quatre cent quatre-vingt-quatre, du port de quatorze mille trois cent huit tonneaux. — Il en entra

cent soixante-quinze à Marseille, du port
de sept mille huit cent quatre-vingt-treize
tonneaux.

De la république de Gènes, neuf cent trente-
huit, du port de quarante-cinq mille six
cent quarante-six tonneaux. — Il en entra
cinq cent soixante-cinq à Marseille, du
port de quatorze mille quarante-trois tonneaux.

Du Milanez et de la Toscane , cent trente-
cinq, du port de treize mille cent deux
tonneaux. — Il en entra cent quinze à Marseille, du port de onze mille deux cent
quatre-vingt-dix tonneaux.

De Naples et Sicile, deux cent trente, du
port de trente-un mille cinq cent vingt-
sept tonneaux. — Il en entra cent quatre-
vingt-neuf à Marseille, du port de vingt-
sept mille deux cent quatre - vingt - treize
tonneaux.

De Rome et Venise, soixante-neuf, du port
de neuf mille cent trente-neuf tonneaux.
— Il en entra cinquante-cinq à Marseille,
du port de sept mille trois cent quatre-
vingts tonneaux.

Le cabotage n'est pas compris dans cet

état; il fut cette même année, pour Marseille, de mille huit cent soixante-sept bâtimens, du port de cent six mille huit cent huit tonneaux.

Ainsi ce port, qu'on avoit dépouillé, non de ses priviléges, mais de la] légitime qu'il tenoit de la nature, jouissoit encore, par la force de sa situation, et au milieu des malheurs qui assiégeoient le commerce, d'une prééminence qu'on avoit voulu lui ravir, et qu'on lui avoit ravie par le droit.

Ne jugeons donc pas Marseille d'après son état actuel; employons, pour rendre à cette place toute son activité, le moyen simple que sa position nous indique, et nous verrons renaître ses relations dans toutes les échelles du Levant, et en Barbarie, aux Indes, en Amérique, en Italie, en Espagne, en Russie, etc.; nous verrons que son seul commerce du Levant, et avec les échelles de Barbarie, s'élèvera de soixante-cinq à soixante-dix millions, tant pour les envois que pour les retours; nous la verrons reprendre ses bénéfices de caravanes, qui faisoient gagner à l'Etat près de trois millions nets pour le transport des Turcs et de leurs marchandises dans les mers du Levant et de Barbarie.

J'insiste particulièrement sur les avantages du commerce du Levant fixé à Marseille, parce que c'est le point essentiel pour
la France, et que les autres commerces se
font avec succès par d'autres ports; mais il
est si vrai de dire que le port de Marseille
est unique en son genre, et l'activité éclairée des Marseillais est si grande, qu'on les
a vus commercer, avec des bénéfices considérables, sur tous les points du globe.

Le commerce de nos colonies y avoit pris
de grands accroissemens; cette ville y expé-
dioit annuellement de cent trente à cent cinquante navires.

Celui de l'Inde étoit encore plus important. Une douzaine de navires partoient,
tous les ans, pour les îles de France et de la
Réunion, et pour la traite au Mozambique;
quatre à cinq vaisseaux se rendoient aux
côtes de Coromandel, de Malabar et au
Bengale, malgré les obstacles qu'apportoient
nécessairement les priviléges de la compagnie des Indes. Les Marseillais étoient obligés d'emprunter le pavillon Italien ou Au-
trichien, conséquemment de partager les
profits des retours, et cependant ils y trouvoient encore des bénéfices majeurs.

Leurs relations avec l'Italie, occupoient plus de trois cents bâtimens, et pouvoient être évaluées à quinze ou seize millions; celles avec l'Espagne employoient plus de deux cents bâtimens, et elles étoient un objet de seize à dix-sept millions.

Le commerce le moins lucratif pour eux étoit celui de la Baltique et du nord, qu'ils ne pouvoient faire que par l'entremise des étrangers.

Cependant un nouveau débouché s'étoit ouvert en leur faveur, et l'on peut dire en faveur de toute la France, par les soins de M. *Anthoine*, négociant, aujourd'hui maire de Marseille. Dans l'espace de quatre ans, cet excellent citoyen, encouragé par le Gouvernement d'alors, avoit établi nos relations en Russie, par Marseille et la mer Noire. De 1784 jusqu'au mois d'août 1787, il avoit expédié, de Marseille à Cherson, quarante-un bâtimens, et sa maison de Cherson en avoit réexpédié cinquante-cinq à Marseille, avec des retours infiniment avantageux. Ainsi, les draps de Languedoc, les vins et beaucoup d'autres branches d'industrie avoient réussi au-delà de toute espérance, et nous avions des mâtures, des blés, des chanvres, des suifs, etc.

Je ne parle point ici des expéditions de la compagnie d'Afrique, qui, sous plusieurs rapports, étoient aussi très-intéressantes.

Et l'industrie que ce grand commerce ex-citoit à Marseille même, qu'est-elle deve-nue ? A peine retrouveroit-on les élémens de quelques-unes de ses branches. Trente-huit fabriques de savon occupoient mille ouvriers; on comptoit douze rafineries de sucre, dix ou onze fabriques de fayence ou porcelaine ; douze de toiles peintes, quarante de cha-peaux; des établissemens en grand pour la rectification des vins; une manufacture de corail, etc.

Il est impossible qu'on ne revienne pas sur ce qui existe, et que l'on ne se rende pas à la voix de l'expérience la plus longue et la mieux constatée

Les bornes prescrites à un Mémoire ne me permettent pas de m'étendre autant que je le voudrois sur cet article important pour le commerce du Levant. M. *Félix Beaujour* a défendu cette thèse avec une grande supé-riorité dans son ouvrage du *Tableau du commerce de la Grèce*, le plus utile et le

mieux fait qui ait été publié, depuis long-
temps, sur le commerce du Levant. Je m'e-
norgueillis d'avoir développé souvent, dans
les rapports que mes anciennes fonctions
m'appeloient à faire, des idées et des observations que j'ai retrouvées dans cet ouvrage,
dans lequel j'ai puisé d'ailleurs des renseignemens intéressans.

Il y a déjà bien des années que j'ai plaidé
pour le rétablissement de la franchise du port
de Marseille; je la réclame encore plus fortement aujourd'hui, et parce qu'on a pu voir
que la faveur d'un entrepôt, partagée avec
tant d'autres ports, n'est qu'un foible palliatif
qui ne peut remplacer la franchise, et parce
que la réunion du port de Gènes à la France,
rend cette mesure encore plus utile et plus
nécessaire. Cette succursale du port de Marseille ne pourra ainsi qu'ajouter à sa prospérité.

Qu'on ne dise point que cette franchise
seroit un privilége local. C'en seroit un, si
Marseille et même les départemens voisins
étoient seuls destinés à en profiter; mais puisqu'il est reconnu que Marseille est le lieu le
plus propre du monde à réunir tous les objets
d'échange, et qu'il ne peut y avoir de ma-

gasin plus convenable pour étaler, vendre et acheter les marchandises, la faveur faite à Marseille est réellement une faveur accordée, un encouragement donné à tout le commerce. Ce n'est pas plus un privilége, que la fixation d'une foire dans un lieu plutôt que dans un autre.

Ce port appelle également l'entrepôt des retours du Levant. Pour savoir si on peut le lui accorder, il suffit d'examiner la question générale de la nécessité ou de l'inutilité d'un point d'appui, d'un point central pour le commerce. Il est bien reconnu que les nations qui entendent le mieux leurs intérêts commerciaux, ne laissent point disperser leurs retours dans tous les ports indifféremment. Cette liberté apparente est réellement la ruine du commerce. C'est la source la plus dangereuse des mauvaises spéculations ; elle détourne les capitaux du commerce extérieur, parce que les négocians, ayant autant de régulateurs pour leur genre de commerce qu'il y a de ports où se font les retours, n'osent rien hasarder ou préfèrent le commerce de port à port au grand commerce ; parce qu'ils sont sans cesse agités et incertains du point vers lequel ils doivent se diri-

ger. Ils n'ont pas les mêmes risques à courir,
et ils spéculent avec tranquillité, quand ils
peuvent se régler d'après le commerce d'un
seul port. Ils n'ont plus alors de concurrens qu'autour d'eux, et ils ne craignent
point d'avoir des rivaux qui échappent à leur
surveillance.

D'ailleurs, il est reconnu que, lorsqu'un
port se trouve assorti des marchandises de
tous les pays du monde, les étrangers y af-
fluent, parce qu'ils sont sûrs de s'y procurer
tout ce qu'ils peuvent désirer, et des assortimens complets. Plusieurs ports d'un ordre inférieur ne compenseroient point pour
eux cet avantage, même quand ils seroient
voisins.

L'entrepôt des retours du Levant doit donc
être fixé à Marseille, seul port qui puisse offrir un marché étendu et varié, seul port
qu'on puisse indiquer comme le centre de
communication des deux mers. Si Marseille
périssoit aujourd'hui par quelque cause que
ce fût, elle ne tarderoit pas à se relever de
ses ruines. « La nature est plus forte que
» les institutions humaines, dit M. *Beau-*
» *jour*, les révolutions des empires peuvent
» bien dériver, pour un temps, le commerce

» d'un lieu dans un autre, mais la force des
» choses le ramène toujours à son cours na-
» turel ».

Après des motifs aussi puissans pour déterminer le Gouvernement à fixer à Marseille l'entrepôt des retours du Levant, seroit-
il besoin d'en rappeler un qui intéresse l'humanité toute entière, et qui doit arrêter toutes
les irrésolutions ?

J'ai déjà dit que les abords du port de Marseille étoient commodes et sûrs. Que l'on
examine les autres ports de la Méditerranée
qui se trouvent dans les départemens qui
formoient le Languedoc ; il n'en est pas un
seul qui présente le même avantage : tous
exposent plus ou moins les bâtimens à des
dangers et à des inconvéniens. On sait, en
effet, que sur toutes ces côtes les naufrages
ne sont pas rares, et il ne faut qu'un accident
de cette nature pour apporter la peste dans
l'intérieur de la France.

Il n'en est pas de même de Marseille ; les
arrivages s'y font sûrement et aisément : un
lazaret situé miraculeusement, et dirigé par
des lois et des règlemens qui sont le fruit
de la plus longue expérience, gouverné par
des hommes fermes et prudens dont la sévé-

rité est fortifiée par le souvenir d'anciens
malheurs, met ce port à l'abri de toute espèce de danger.

Il est donc impossible d'hésiter à en faire
le centre des retours du Levant.

SECONDE PARTIE.

OBSERVATIONS particulières sur chacun des pays réunis à l'Empire Français, et sur les moyens d'y ranimer l'agriculture, le commerce et l'industrie.

PIÉMONT.

LES soies sont la principale richesse du Piémont. Leur débit étoit autrefois si considérable, que l'Angleterre seule en tiroit annuellement pour plus de deux cent mille liv. sterl.; et la France elle-même faisoit à peine rentrer, par les marchandises qu'elle y exportoit, les sommes qu'elle y versoit pour ses achats en soies.

Les organsins de Piémont sont les plus estimés et les plus chers en Angleterre. Le prix moyen de ceux de vingt-deux deniers est de cinquante-deux à cinquante-trois fr.; ceux de vingt-trois, vingt-quatre et vingt-six passent cinquante francs; ceux de trente et trente-deux passent quarante-huit francs, et ceux de trente-quatre, qui sont les moindres, vont au-delà de quarante-six francs.

Les organsins de Bologne, qui viennent ensuite, ne s'élèvent pas au-delà de quarante-

quatre ou quarante-cinq francs, et il en est
d'inférieurs. Ceux de Bergame vont de trente-
cinq à quarante-quatre fr.

Les trames de Milan se vendent de trente-
trois à trente-neuf francs; les soies de Novi,
de trente-cinq à quarante-un fr.

Les premières qualités des soies de Piémont crues valent vingt-huit francs; les
demi-blanches, vingt-trois à vingt-quatre fr.;
les jaunes, vingt-deux à vingt-trois fr.

Les soies de la Chine, première sorte, ne
vont guères au-delà de vingt-cinq francs.

Les besoins seront encore les mêmes,
quand la paix aura donné une plus grande activité aux manufactures; mais quelle énorme
différence la réunion établit-elle entre la
France et les états de l'Europe qui ont besoin
des productions du Piémont!

Autrefois l'Angleterre, toujours favorisée
dans ses relations commerciales, trouvoit le
moyen de solder, en plus grande partie, ses
achats de soies par le produit de ses manufactures. Cette ressource lui est enlevée, et
elle ne peut se passer des soies du Piémont,
qu'en supprimant les manufactures qui les
emploient.

La France, au contraire, quoique moins fa-

vorisée à la même époque, non-seulement que
l'Angleterre, mais encore que les autres puissances en relation de commerce avec l'Italie, telles que la Hollande, la Suisse et les
États de l'empereur d'Allemagne, n'éprouvoit
pas, de son commerce avec le Piémont, le
désavantage qu'elle auroit pu en attendre.
Ce qu'elle sembloit y perdre dans la balance
du commerce, étoit compensé, 1°. par les
profits que lui procuroient ses relations avec
la Toscane et le Milanèz; 2°. par la nature
même de ses exportations et de ses importations. Le prix des premières étoit, en grande
partie, celui de son industrie; et les secondes,
consistant principalement en matières premières, étoient souvent portées par l'industrie à une valeur décuple de leur prix pri-
mitif.

Mais aujourd'hui qu'elle n'a plus à redouter
les tarifs de l'ancien souverain du Piémont,
quels avantages ne doit-elle pas espérer de
son commerce d'échange dans cette portion
de l'Empire! Aujourd'hui que Gènes, soumise aux mêmes lois, est devenue le port du
Piémont, quelles entraves peuvent encore
redouter les négocians français et piémontais?
Le tems est passé, où les monarques qui

gouvernoient le Piémont, berçoient les Français de l'espoir d'être aussi bien traités que les Hollandais qui avoient obtenu des conventions favorables à leur commerce, le 23 août 1752. Il en fut question en 1753 et pendant trois années consécutives, sans que cette négociation des Français ait jamais pu réussir.

Rappelons ici les branches de l'industrie française qui doivent retirer le plus d'avantages de la réunion du Piémont à l'Empire français.

Draperies. Il y a toujours eu très-peu de manufactures de draps en Piémont; on n'en comptoit anciennement que sept à huit dont les produits peu nombreux étoient en général inférieurs en qualité, et supérieurs en prix à la plupart des draps qu'on y importoit. Aussi le Piémont offroit-il un débouché assez important aux draperies anglaises et même autrichiennes. Les draperies françaises eussent été préférées, si les obstacles qu'on avoit mis à leur introduction n'en eussent pas élevé le prix. Aujourd'hui Abbeville, Sedan, Louviers, Elbeuf, Rheims, et surtout les draperies de Languedoc, auront le plus grand succès en Piémont.

Camelots, serges et baracans. L'Angleterre et la Hollande jouissoient des plus grands
avantages en Piémont, pour l'introduction
de ces objets. La suppression des droits va
rendre à la France une supériorité qu'elle
n'auroit jamais perdue pour cette espèce de
marchandises, si elles n'avoient pas été soumises à un droit excessif. Mais il est à désirer,
pour que la victoire soit complète, que l'on
prenne tous les moyens, même celui des
primes, pour conserver l'introduction de ces
objets en Sardaigne, parce qu'on y en fait
une grande consommation.

Toileries. Si l'on veut ranimer les manufactures de Troyes, de Tarare, de Rouen et
de Bretagne, il faut donner une attention
particulière à cet article de commerce, qui
comprend aussi les futaines, les toiles de coton, les toiles peintes, fines et communes. Le
Piémont en consomme pour plusieurs millions. Nous n'avons à craindre que la concurrence des Hollandais et des Allemands.
La première est en partie détruite par la
suppression des droits, et les départemens
qui composoient autrefois les Pays-Bas peuvent fournir aux besoins du luxe dans ce
genre, à plus bas prix que les Hollandais.

Quant à la concurrence des Allemands, elle est moins redoutable, parce qu'ils présentent aux Piémontais moins de facilité d'échanges que la France, et que le commerce d'échange a toujours la préférence.

Bonneterie. Nous avons toujours eu l'avantage, en Piémont pour la bonneterie de soie, et cet avantage étoit d'autant plus grand, que nous y faisions repasser ainsi la matière première que nous en avions tirée, à un prix qui représentoit en même temps le prix de cette matière première et le prix plus considérable de la main-d'œuvre. Mais les Anglais étoient préférés pour la bonneterie de laine et de coton. Il s'agit d'accoutumer les habitans aux articles de cette industrie de France, non-seulement en proscrivant ceux qui proviennent d'Angleterre, mais encore en soignant les productions françaises qu'on y enverra, de manière à ne laisser aucun prétexte aux regrets et à la fraude.

J'observerai ici que la fabrique des bas de soie est une de celles qu'on a cherché à établir sur un plus grand nombre de points en Italie. Venise a eu, pendant assez long-temps, beaucoup de fabricans de ce genre ; elle en compte encore quelques-uns, mais

cette fabrique dépérit tous les jours. Cette
décadence ne surprendra point, si l'on considère que ce travail s'est perfectionné en
France et en Angleterre. Les Piémontais eux-
mêmes, qui travaillent mieux en ce genre
que le reste de l'Italie, n'ont jamais pu atteindre la finesse des bas de France. Ils mettent peut-être plus de soin à la fabrication ,
ils y font entrer plus de soie ; mais leurs bas ne
prennent jamais bien la forme de la jambe,
ne conservent pas le lustre de ceux de France,
et ne sont pas d'un aussi bon usage.

Cotonnades. Il nous est d'autant plus aisé
de remplacer avantageusement les articles
de cette espèce, que l'Angleterre fournissoit
au Piémont, que ce genre de fabrication ,
dans lequel il faut comprendre les velours
de coton, est un de ceux qui ont fait le plus
de progrès parmi nous depuis quelques années. Il suffit que le commerce français soit
averti que ces articles ont en Piémont un
écoulement favorable ; mais il faut bien se
garder d'y envoyer des velours et des draps
de coton de mauvaise qualité ou d'une fabrication vicieuse.

Chapelerie. Le Piémont ne consommoit
autrefois que pour deux cent mille livres de

chapelerie française. Cet article étoit principalement fourni par la ville de Lyon. Il
peut reprendre faveur aujourd'hui, et donner
un produit double. Cela tiendra uniquement
aux soins avec lesquels on fabriquera et à
l'activité des spéculations de nos fabricans.

Soieries. Cet article doit exciter particulièrement l'attention du commerce français.
Il peut offrir aux fabriques de Lyon et de
Nismes un débouché précieux, si elles s'occupent de fournir au Piémont des étoffes qui
lui conviennent, de la meilleure qualité et
au moindre prix possible. Ce débouché peut
aussi perdre tous les jours de son importance,
si on laisse aux Piémontais le temps de monter leurs fabriques, et de profiter pour eux-
mêmes de la liberté de l'industrie en France.
Tant qu'on leur fournira les étoffes qu'ils
désirent, et à un prix raisonnable, leurs fabriques ne se multiplieront point, parce
qu'ils n'auront aucun intérêt à les multiplier :
mais s'ils sont mécontens des envois qu'on
leur fait, ou si le prix en est trop élevé, le
succès d'une fabrique en amènera bientôt
d'autres, et nos fabriques anciennes y per-
dront, d'abord un moyen d'échange qui favorise leur prospérité, et ensuite le bas prix

de la matière première qu'elles tirent du Piémont. En effet, il en sortira d'autant moins de soie, qu'on y en emploiera davantage, et elle sera d'autant plus chère, que la quantité de celle qu'on pourra en exporter sera moins considérable.

Le commerce français ne doit jamais oublier, 1°. que le Piémont n'est pas seulement grand consommateur de nos fabriques de soie, mais qu'il est encore l'un des entrepôts les plus utiles à ce commerce; 2°. que toutes les soieries fabriquées dans le pays étoient d'une très-bonne qualité. A la vérité, les étoffes de Lyon, quoique chargées de gros droits, étoient encore à meilleur marché que celles du Piémont; mais cela tenoit à la lenteur des fabricans piémontais qui, employant plus de temps, faisoient de plus fortes dépenses pour la fabrication. Aujourd'hui l'esprit changera; le caractère national se modifiera insensiblement; il s'adaptera une partie de l'activité du fabricant français, et cette qualité influera sur les fabriques. D'ailleurs, le Piémont faisant partie de la France, il pourra s'y établir des fabricans français, ce qui seroit funeste à la fabrique de Lyon en particulier.

. L'Angleterre avoit, en quelque sorte, ac-
caparé en Piémont le commerce des moires
unies et à fleurs, et eelui des gros-de-Tours,
connus sous le nom de *drappo fiorato*. Ce
commerce étoit important. Gènes et Florence
fournissoient les damas et les taffetas. Les
étoffes riches, consommées dans le pays,
provenoient en grande partie des fabriques
de Turin et d'Angleterre. Turin avoit quelques manufactures d'étoffes en soie pour meubles; elles passoient même pour plus fortes
que celles de Lyon, et elles étoient aussi
estimées en Italie. .

Nous pouvons aisément faire une grande
partie de cette fourniture, puisque les produits des fabriques anglaises étant écartés,
nous ne sommes plus soumis, comme nous
l'étions, à des droits énormes, et qui l'étoient
d'autant plus que, par un abus funeste des
mots, on les appliquoit souvent à des marchandises qui ne devoient pas les supporter.
En effet, on ne calculoit pas la valeur, mais
la dénomination des marchandises, pour
leur faire payer les droits : souvent une étoffe
qui, par exemple, ne valoit que seize ducats,
payoit les mêmes droits qu'une étoffe qui en
valoit cinquante. Tout dépendoit de la classe

dans laquelle elle étoit rangée, et l'on n'admettoit que deux classes, les riches et les légères, dont la première payoit constamment le droit double. On ne pouvoit pas dire qu'il y eût compensation, d'abord parce que le droit, quel qu'il fût, étoit trop fort en lui-même; ensuite parce que, s'il étoit vrai que relativement à la valeur intrinsèque, quelques étoffes de la première classe payassent moins que celles de la seconde, l'industrie ne souffroit pas moins de cette taxe, puisqu'elle vendoit infiniment moins d'étoffes de la première classe ou plutôt d'une grande valeur, que de celles d'un prix inférieur.

En général, comme le commerce des objets de première nécessité, de ceux qui ont le plus grand nombre de consommateurs, est le premier et le plus lucratif de tous, c'est particulièrement sur ces objets que doit porter la diminution des droits, quand on réclame, et leur augmentation quand on veut écarter une concurrence.

Rubanerie. Voici un article important, mais sur lequel la France ne peut espérer de très-grands avantages en Italie, parce qu'il s'y fabrique une quantité considérable de rubans de soie. Cependant, il est possible que la suppression des droits et la mode augmentent beaucoup cette portion de notre commerce en Piémont. J'ignore, d'ailleurs, s'il existe actuellement des fabriques de rubans dans cette ancienne portion de l'Italie : dans le cas de la négative, elle offriroit un débouché à notre rubannerie de soie.

Mais il est un article infiniment plus précieux pour nous, et dont il nous est facile de nous assurer la fourniture : c'est la rubanerie de fil et galette. Cet article étoit fourni au Piémont par le duché de Berg et par la Suisse. Saint-Etienne, Saint-Chamond, tout le ci-devant Rouergue, peuvent le fournir meilleur et à meilleur marché.

Résultats des observations précédentes.

Ces détails me paroissent démontrer que deux causes principales doivent redonner la vie au commerce français en Piémont, et conséquemment en Italie, la prohibition des marchandises anglaises et la suppression des droits dont nous étions chargés anciennement.

La réunion du Piémont à la France est plus fâcheuse pour le commerce anglais, que la perte de plusieurs batailles. Il est aisé de s'en convaincre en résumant ce que j'ai dit.

1º. L'Angleterre tiroit ordinairement du Piémont pour quatre millions huit cent mille francs de soie, qu'elle payoit d'abord en argent, lorsque nous étions encore en possession de fournir les draps et les toiles nécessaires à la consommation de cette contrée de l'Europe, mais qu'elle avoit trouvé le moyen d'acquitter en marchandises, depuis qu'elle s'y étoit emparée du commerce des draps, étoffes et bonneterie de laine, et que les Suisses, concurremment avec les Silésiens, nous avoient ravi le commerce des toiles et des basins. Aujourd'hui, si l'Angleterre veut se procurer des soies du Piémont, il faut qu'elle les paie en argent; et elle les paiera plus cher, parce que l'activité de nos manufactures les rendra plus rares.

2º. Les magasins du Piémont ne seront plus fournis de draperies d'Angleterre; elles n'y enlèveront plus une somme considérable de numéraire; ses étoffes riches, ses moires, ses gros-de-Tours, sa bonneterie de laine et de coton, ses cotonnades, sa quincaillerie, sa poterie, n'y auront plus de débouché. Si j'avois sous la main le relevé des importations du Piémont pour chacun de ces articles, je pourrois effrayer le Gouvernement anglais lui-même par l'énormité des sommes que l'Angleterre perdra au nouvel ordre de choses ; et ce qui doit l'affliger encore davantage , c'est que chacune de ses pertes tournera au profit de l'industrie française.

Tableau général du commerce ancien de la France avec le Piémont, comparé avec le commerce qui peut avoir lieu depuis la réunion.

Mais les aperçus que je viens de donner, pourroient paroître insuffisans pour l'objet que je me suis proposé dans ce Mémoire, si je ne rappelois ici, d'une manière positive et plus précise, l'ancien état de notre commerce en Piémont, et si je ne soumettois au calcul les résultats vraisemblables de la réunion de ce beau pays à la France. Ce tableau sera nécessairement raccourci, parce que, n'ayant pas sous la main les documens indispensables pour entrer dans de plus grands détails, je me suis contenté des notes que j'avois prises dans un temps où je fus chargé d'un travail analogue à celui-ci ; mais je pense qu'il atteindra le but auquel je le destine.

Etat ancien du commerce de la France avec le Piémont.

IMPORTATIONS EN FRANCE.

Soies.	18,000,000
Huile pour la fabrication des savons.	2,000,000
Bestiaux.	1,000,000
Grains et riz.	2,000,000
Plus, différens articles du commerce entre Nice et Marseille, ou d'un commerce de *transit* de certains objets des fabriques d'Italie.	2,000,000
TOTAL.	25,000,000

EXPORTATIONS DE FRANCE.

Soieries.	4,000,000
Draperies et étoffes de laine.	3,000,000
Dentelles de fil ou de soie.	1,000,000
Toilerie.	1,000,000
Pelleteries.	250,000
Chapelerie.	250,000
De cette part.	9,500,000

De l'autre part. . .	9,500,000
Modes.	500,000
Coton filé.	1,000,000
Laine commune. . . .	500,000
Mercerie et quincaille-rie.	500,000
Morue de nos pêches.	500,000
Vins.	1,000,000
Sucres, cafés, etc. . .	2,000,000
Objets divers. . . .	500,000
Articles de réexportation ou d'entrepôt entre Marseille et Nice, ou d'échang entre les parties voisines des territoires respectifs.	3,000,000
TOTAL.	19,000,000

La différence de six millions, qui semble exister au désavantage de la France entre les importations et les exportations, n'étoit pas aussi réelle qu'elle le paroît, parce que, comme je l'ai déjà dit, on ne fait point entrer ici en ligne de compte, pour nos exportations, une foule d'articles qui ne faisoient que traverser le territoire piémontais, ou qui s'entreposoient pour être distribués dans les

autres parties de l'Italie, qui nous en comp-
toient la valeur ou la remboursoient aux
commissionnaires piémontais.

Je pense donc que les exportations en
Piémont étoient à peu près au niveau des
importations, malgré les droits qu'on nous
faisoit payer et les obstacles sans nombre
qu'on opposoit à notre commerce. '.. .

Que l'on calcule maintenant, à chacun
des articles de nos exportations, ce qui nous
étoit ravi par la concurrence des étrangers,
et surtout des Anglais, et l'on verra quels
doivent être les progrès du commerce français en Piémont par le fait seul de la réunion.

· Les soieries, qui ne faisoient qu'un objet
de quatre millions, seront augmentées de
toutes les étoffes riches et façonnées qui
étoient fournies par les étrangers, ce qu'on
peut évaluer à plus du double; mais ne
comptons que le double, et nous aurons
encore huit millions au lieu de quatre.

Les étoffes de laine seront au moins tri-
plées, si nous ajoutons à ce que nous fournissions, la partie de la fourniture dévolue
aux Anglais, neuf millions au lieu de trois.

Ne portons notre toilerie qu'au double,
et nous aurons encore deux millions.

J'élèverai, sans crainte d'erreur, la chapelerie à cent cinquante mille francs de
plus, ce qui donnera quatre cent mille
francs.

Les modes françaises s'y propageant avec
plus de facilité, peuvent y être comptées
pour un million au moins.

Je n'ai point de données suffisantes pour
évaluer l'augmentation possible des autres
articles, parmi lesquels la mercerie et la
quincaillerie gagneront sûrement : mais
c'est évaluer bien peu ces augmentations,
que de les porter à deux millions sur tous
ces articles combinés.

Toutes ces augmentations nous donnent
un résultat de treize millions six cent cinquante mille francs, qui, ajouté aux dix-
neuf millions, produit de nos exportations
au milieu de tous les obstacles, donnera à
nos fabriques une valeur de trente-deux
millions six cent cinquante mille francs à
fournir au Piémont, dont les envois en
France augmenteront aussi, mais probablement pas dans la même proportion. Il en
sera dédommagé d'un autre côté, parce qu'il
trouvera lui-même son intérêt à faire valoir
nos manufactures, et l'activité de son com-

merce extérieur lui fournira une compensation suffisante. Mais lors même qu'indépendamment de ces avantages, le Piémont
trouveroit encore le moyen d'augmenter ses
importations en France dans la même proportion que nos exportations augmenteroient
elles-mêmes, cet état de choses seroit dési-
rable pour nous, et annonceroit également
la prospérité de l'agriculture du Piémont et
celle de nos manufactures dans notre situation politique actuelle.

*Etat hypothétique des envois de France
en Piémont qui peut être amené par
la réunion.*

Soieries.	8,000,000
Draperies et étoffes.	
de laine.	9,000,000
Dentelles de fil ou de	
soie.	1,000,000
Toileries.	2,000,000
Pelleteries.	250,000
Chapelerie.	400,000
Modes.	1,000,000
Coton filé.	1,000,000
Laine commune.	500,000
De cette part.	23,150,000

De l'autre part. . . . 23,150,000

Mercerie et quincaillerie.	1,500,000
Morue de nos pêches.	500,000
Vins. .. . .: . . .	1,500,000
Sucres, cafés, etc. . .	2,000,000
Objets divers et articles de commission.	4,000,000
TOTAL.	32,650,000

Ce résultat n'est, sans doute, qu'une hypothèse ; mais il acquerra la valeur de la certitude, et il paroîtra même trop modéré à celui qui réfléchira un peu sur les bases qui l'ont fait naître. Quand on se rappelle les droits de douane multipliés, les droits sur les matières premières, les bestiaux et les grains à la sortie du territoire, les droits sur nos marchandises, les droits de *transit*, de navigation, d'ancrage et d'étapes, qui opposoient de si grands obstacles à l'activité de notre commerce en Piémont, on cesse d'être étonné de la possibilité de cette augmentation.

La faveur accordée aux marchandises de quelques fabriques étrangères ; la difficulté des transports et des communications par le défaut de routes, de navigation et de canaux de navigation ; le voisinage de Gènes, étoient encore autant d'obstacles qui s'opposoient aux progrès du commerce en Piémont.

La plupart de ces obstacles ont disparu, et pour les Piémontais et pour nous ; le génie de Napoléon a déjà préparé la régénération commerciale de ce beau pays, par des dispositions qui doivent exciter la reconnoissance de tous ses habitans.

Il fait ouvrir des routes et des canaux ; il veut rendre le Pô navigable dans tout son cours ; il propage l'instruction ; il donne, enfin, un port au Piémont.

Il reste peu à désirer pour achever ce grand ouvrage. Me sera-t-il permis de présenter ici quelques idées que me suggèrent mon zèle pour sa gloire et mon dévouement à sa personne ?

Considérations générales sur la direction qu'on peut donner aux améliorations et aux encouragemens dans le Piémont.

Le Piémont, faisant actuellement partie de l'Empire français, il me semble important

11

de le considérer d'abord isolément sous le
rapport de ses produits et de sa situation,
et de l'examiner ensuite sous les rapports
qu'il peut avoir avec l'intérieur de l'Empire.

Le Piémont, considéré en lui-même, est
essentiellement agricole. L'agriculture doit
donc y exciter la principale attention du
Gouvernement : c'est à l'agriculture qu'il
doit ses premiers encouragemens.

La forme ancienne du Gouvernement et
les obstacles que j'ai déjà fait connoître,
s'y opposoient aux progrès de cette branche
de richesses. Il faut réparer les erreurs de
l'ancien Gouvernement, et ne rien négliger
pour porter les productions de ces belles
contrées au point d'abondance où elles peuvent parvenir. La nature a tout fait pour
elles; les pâturages y sont excellens, et les
bestiaux, première base d'une bonne agriculture, peuvent y être d'un produit extrêmement riche. La soie, déjà très-abondante
et la meilleure de l'Europe, peut encore y
devenir plus abondante.

La liberté de la circulation, des marchés
réguliers, quelques grandes foires, des dis-
tinctions accordées à quelques agriculteurs
qui donneront des exemples utiles, des primes

ou d'autres récompenses aux magnaneries qui produiront le plus, aux filatures les plus parfaites : tels sont les moyens simples qui feront prospérer l'agriculture en Piémont.

Quant à la situation particulière de ce pays, elle semble, dans l'état actuel des choses, le destiner à devenir l'entrepôt de notre commerce dans le reste de l'Italie, et c'est sous ce point de vue qu'il faut prendre tous les moyens de lui donner de l'activité avec les contrées de l'Italie étrangères à la France.

Si l'on considère le Piémont dans ses rapports avec l'intérieur de l'Empire, on se gardera bien d'y favoriser les fabriques du genre de celles qui font la gloire et la richesse de Lyon et de tant d'autres villes de l'Empire.

Cette observation peut, sans doute, être repoussée par des administrateurs qui sont persuadés qu'il faut laisser à l'industrie une liberté indéfinie, et encourager toutes les espèces de productions dans tous les pays. Ces principes ne sont pas plus vrais et plus applicables sous un bon Gouvernement, que les principes de ceux qui voudroient qu'une nation fût assez agricole et assez manufacturière pour se passer de toutes les autres.

Mais les esprits moins superficiels et plus
réfléchis sentent bientôt que, par une gra-
dation de principes et de conséquences jus-
tifiés par l'expérience des siècles, les nations
sont aux nations, les provinces aux provinces,
et les villes aux villes, ce que les hommes
sont à l'égard les uns des autres. Leurs besoins réciproques, les facultés et les productions qui leur sont particulières, établis-
sent et resserrent les liens qui les unissent.
L'agriculteur nourrit le manufacturier, le
négociant, l'artisan; et ceux-ci, à leur tour,
pourvoient aux besoins de l'agriculteur. Personne ne suppose qu'un agriculteur doive
fabriquer le drap dont il se vêtit, la toile
qu'il emploie, la montre qui règle sa journée; personne ne lui prescrit de suivre ses
denrées partout où elles circulent.

Il en est de même des nations et des villes.
La différence de leur sol, de leur climat,
de leur exposition, de leur situation, du
tempérament et du génie des habitans, de
leur industrie, de leurs habitudes, doit
établir une différence entre leurs moyens
de prospérer. C'est aux Gouvernemens à
acquérir une connoissance assez exacte de
ces diverses circonstances, pour favoriser

ce qui doit l'être dans chaque localité, pour
coordonner les rapports de toutes les parties
entr'elles de la manière la plus utile à toutes,
pour s'opposer indirectement aux établissemens plus onéreux qu'utiles à ceux qui les
entreprendroient, ou qui ne serviroient
utilement que quelques individus, en nuisant à la prospérité de villes considérables,
ou même de provinces entières.

Je pense donc que les Piémontais serviront
utilement leurs propres intérêts et ceux de
nos manufactures de l'intérieur, en se bor-
nant à l'agriculture, aux arts de première
nécessité et aux préparations des matières
premières qui font la source de leurs richesses, et en favorisant, par l'activité d'un
commerce d'entrepôt, l'écoulement de nos
fabrications dans le reste de l'Italie. Leur
lot sera encore assez beau, et pourra les
placer au premier rang de nos départemens
les plus productifs.

Au reste, *Arthur Young* avoit absolument
la même opinion sur le Piémont long-temps
avant sa réunion à la France. Il le regardoit
comme un pays essentiellement agricole,
qui ne pouvoit devoir sa prospérité qu'à
l'agriculture, et dans lequel les manufactures

ne pouvoient être que le résultat de l'agriculture. Voici comme il s'exprime, en examinant la question de l'influence des manufactures sur l'agriculture (*Cultiv. Angl.* Tom. XVII, pag. 453) : « Les pays les plus
» riches et les plus florissans de l'Europe,
» en proportion de leur étendue, sont pro-
» bablement le Piémont et le Milanèz. ...
» A quoi doit-on attribuer toute cette pros-
» périté ? Ce n'est sûrement pas aux manu-
» factures, puisqu'il ne s'y trouve presque
» aucune trace de fabriques : il y en a
» quelques-unes peu importantes à Milan,
» et il y a des moulins à soie dans le Pié-
» mont pour faire les premiers préparatifs
» de cette production ; mais le tout est si
» peu considérable, qu'on peut bien dire
» qu'il n'y a point de fabriques dans ces
» deux pays. Il n'y a guères plus de com-
» merce ; ils sont trop éloignés de la mer,
» et quoiqu'une rivière navigable passe à
» travers leurs territoires, on n'en fait pas
» d'usage, par la raison que cinq souverains,
» entre le Piémont et son embouchure,
» mettent tous des droits sur le passage des
» marchandises. Comme ces deux pays ne
» sont redevables de leurs richesses ni aux

» manufactures, ni au commerce, ils ne
» les doivent sûrement pas non plus à la
» sagesse particulière de leurs gouverne-
» mens ; ce sont deux gouvernemens des-
» potiques, et tous les revenus du Milanèz
» passent à Vienne : les habits, même pour
» les troupes à la solde du Milanèz, viennent
» d'Allemagne. La source et la continuation
» de toute la richesse de ce pays-là se trou-
» vent dans l'agriculture..... Le Piémont a
» une Cour et une armée de trente mille
» hommes. La même étendue de pays et le
» même nombre d'habitans ne sauroient
» suffire à la moitié de cet établissement
» sous aucun autre gouvernement de l'Eu-
» rope. Mais ces pays n'ont-ils réellement
» aucunes manufactures ? Ils en ont sans
» doute, et il n'existe pas un seul peuple
» au monde qui n'en ait absolument aucune.
» Mais ce n'est pas là la question ; il suffit
» de faire voir ici que les manufactures du
» Milanèz et du Piémont ne sont que le ré-
» sultat de l'agriculture ; qu'il n'y a que
» l'agriculture qui les soutienne et les en-
» tretienne, et que, loin de contribuer po-
» litiquement à l'avantage de l'agriculture,
» elles occasionnent des restrictions et des

» monopoles ; car les gouvernemens de ces
» pays ont aussi la manie du commerce,
» qui a infesté les autres royaumes ; ils ont
» essayé, par les mêmes moyens, d'élever
» ces petites manufactures, pour pouvoir
» faire aussi des exportations chez l'étran-
» ger. Heureusement elles n'ont jamais été
» en grande activité ; car il y a lieu de croire
» que leur succès auroit suggéré d'autres
» restrictions défavorables au maintien des
» fondemens principaux de leur prospé-
» rité. »

D'ailleurs, quand on veut se rappeler que
le commerce des matières premières est le
plus solide de tous, lorsque la population
ne permet pas de les façonner sur les lieux,
il est facile de se convaincre que le Piémont
doit beaucoup gagner au nouvel ordre de
choses, puisque son commerce étoit déjà
considérable auparavant.

On assure que ; pendant le cours de trente-
sept ans, c'est-à-dire depuis 1755 jusqu'en
1792, il a exporté, année commune, pour
une valeur excédant de quatre millions les
importations. L'auteur qui rapporte ce fait,
et qui, en général, est très-sobre d'observations favorables à ce beau pays (M. *Ma-*

randa, ancien colonel des Vaudois, auteur
du *Tableau du Piémont sous le règne des
Rois, etc.* Turin. An XI.), observe que ce
qui contribue à donner *un air de croyance*
à cette assertion, c'est l'aspect d'opulence
que le Piémont prit insensiblement depuis
cette époque, et la diminution successive
de l'intérêt de l'argent.

Voici les tableaux qu'il présente des exportations et importations du Piémont à
cette époque. Je ne puis pas en garantir
l'authenticité, et il ne les donne lui-même
que comme approximatifs.

EXPORTATIONS.

La soie et toutes ses dépen-dances.	30,000,000
Riz et grains avec permission et en contrebande.	3,000,000
Chanvres et bestiaux.	1,600,000
Noisettes de l'Astesan, grai-nes de trèfles, semences froides et cantharides.	900,000
Vins pour le Milanèz, la Li-gurie et la Maurienne.	700,000
De cette part	36,200,000

De l'autre part. 36,200,000

Fers, liqueurs, chocolat,
    peaux d'agneaux et che-
    vreaux.   500,000
Toiles de Dronero, volailles,
    beurre pour la rivière. . .   300,000

TOTAL. 37,000,000

IMPORTATIONS.

Sucre, café, drogues et bois
    de teinture. 7,000,000
Etoffes en laine. 3,000,000
Toiles. 2,000,000
Étoffes de coton, indiennes
    et coton. 2,500,000
Modes, horlogerie, bijou-
    teries et dorures. 3,500,000
Chevaux.   900,000
Cuirs en poil et travaillés,
    chapelerie et fourrures. . 1,000,000
Poterie étrangère, verres,
    glaces et cristaux. . . .   800,000
Laines de la Romagne et
    autres. 1,000,000
Tabacs. 1,500,000
Sel. 2,000,000
Huile d'olive, savonnerie,
    poisson de mer. 3,500,000

De cette part. 28,700,000

De l'autre part. 28,700,000

Quincaillerie. 1,500,000
Fromages de Suisse et d'ailleurs. 1,000,000
Pour une multitude d'objets
entrés en contrebande, et
petits articles dont l'énu-
mération seroit trop lon-
gue. 1,800,000

TOTAL. 33,000,000

Avantages et inconvéniens du Pô et des autres rivières. Irrigations.

La plus grande partie du sol de l'Italie est formée par les terres amenées des rivières et des torrens; quelquefois, en creusant la terre à deux pieds, on trouve les galets que les torrens roulent dans leur cours.

Mais ces mêmes eaux qui ont fertilisé tant de contrées de l'Italie, l'ont souvent exposée à des désastres incalculables.

Le Pô, sa principale rivière, est remarquable par sa rapidité et par ses dégâts. Les terres qui se trouvent sur ses bords, depuis sa source jusqu'à vingt milles après, ont moins de valeur que d'autres qui les avoisinent et qui sont de même nature,

parce que c'est dans cet intervalle qu'il est
le plus dangereux pour l'agriculture. Il
entraîne une si grande quantité de pierres
dans ses débordemens, que les terres qui
en sont couvertes restent plusieurs années
sans culture. Lorsqu'il sort entièrement de
son lit et qu'il s'étend au large, son limon
fait pousser en abondance des osiers et
autres plantes qui empêchent la culture des
grains et des prairies pendant fort long-temps.

Quoique les autres rivières du Piémont
soient moins considérables, leur chute des
Alpes est très-rapide, et lorsqu'elles ont
reçu des torrens dans leur cours, elles
inondent les plaines et les couvrent de sables
et de pierres. C'est ce qui fait que le sol
est si mauvais de Chivasso à Turin, et de
même à Savigliano.

Ce qui ajoute infiniment à ces dangers,
et ce qui empêche de les prévenir avec
succès, c'est la culture des terres situées sur
les montagnes. Les Italiens semblent avoir
pris à tâche de renverser le système adopté
par les anciens Romains, et ils en sont
cruellement punis, sans en devenir plus
sages. Les Romains cultivoient les grains
dans les plaines, la vigne et les oliviers sur

les côteaux, et ils couvroient leurs montagnes de bois et de pâturages. Aujourd'hui,
les Italiens ont arraché les bois, converti
les côteaux et les montagnes en terres la-
bourables. La terre n'étant plus retenue par
les racines des arbres et des autres plantes,
tombe dans les rivières avec des parties de
rochers, de sorte que les plus riches vallées
en sont stérilisées.

L'Adige a détruit, dans le Véronais, plus
de quarante mille arpens des meilleures
terres.

La Brenta a ruiné la vallée depuis Bas-
sano jusqu'à Borgo, et quelques-uns des plus
riches cantons du Padouan.

La Piave a détruit une étendue immense
de bonnes terres; la plaine entre Pordenone
et Codroipo est entièrement dévastée par le
Silo et le Tagliamento.

Le Réno a fait, dans le Bolonais, des
ravages extraordinaires.

Dans le pays de Parme et Plaisance, les
rivières ne sont pas moins désastreuses.

Quand on considère les territoires de
Voghera et de Tortone, on découvre bientôt pourquoi le premier est plus fertile que
le second, quoique son sol ne soit pas d'une

si bonne nature. Le territoire de Tortone
est exposé aux inondations de la Serivia et
d'autres rivières qui appauvrissent tellement
le terrein, qu'entre Tortone et Novi on fait
à peine des demi-récoltes.

. On a beau vanter la culture en Étrurie,
celle des montagnes a beaucoup nui à sa
prospérité. On a été obligé ensuite de faire
des frais énormes pour contenir l'Arno, mais
rien n'a pu s'opposer aux ravages de l'Om-
brone, qui a ruiné une grande partie de la
belle plaine de Pistoïa. Plusieurs autres rivières ou torrens de cet État causent les
mêmes malheurs.

Les plaines de l'État de l'Église sont, pour
la même cause, dans l'état le plus déplo-
rable. Le Santerno a dévasté le pays aux
environs d'Imola, et l'Amone les environs
de Faenza.

Le Ronco et la Montone auroient détruit
la ville et le territoire de Ravenne, si l'on
n'avoit pas fait de grandes dépenses pour les
contenir.

Le pays entre Bologne et Sinigaglia est
presqu'entièrement ruiné par les sables et
les pierres qui y ont été charriés par les
rivières.

Tous ces désastres viennent de ce qu'on a coupé et arraché le bois des montagnes.

Le seul royaume de Naples, dans toute l'Italie, est à l'abri de ce reproche; on y a eu la plus grande attention à conserver les bois sur les montagnes, dont tous les côtés sont couverts de pins. Le domaine veilloit à la conservation de ces forêts, et a fait réparer à mesure leurs dégradations.

L'un des points les plus importans pour les administrateurs des anciennes portions de l'Italie réunies à la France, doit donc être d'employer tous les moyens possibles pour contenir les rivières et les maîtriser dans leur cours. C'est la seule voie qui existe pour y faire prospérer l'agriculture : et que pourroient être ces contrées sans l'agriculture ?

On a déjà fait des travaux multipliés et dispendieux pour la navigation du Pô; mais ces travaux et tous ceux que l'on peut faire encore, ne seront pas durables, si l'on ne prend en même temps des précautions propres à les garantir.

Il faut donc avoir sans cesse devant les yeux le funeste effet du dépouillement des montagnes; il faut se rappeler sans cesse

que, depuis que les Alpes et les Apennins
ont été en grande partie dépouillés de leurs
forêts, et que leur portion inférieure est
cultivée, les rivières qui en descendent, les
eaux de pluies et celles qui proviennent de
la fonte des neiges, portent dans le Pô tant
de limon, de gravier, de sables et de
pierres, qu'il seroit déjà sorti tout-à-fait de
son lit, si depuis long-temps il n'avoit été
contenu par des levées. A mesure que le
fond du fleuve s'est exhaussé, on les a portées à une assez grande hauteur dans quelques endroits ; mais les travaux immenses
et les dépenses énormes qu'on a faits pour
éviter les inondations ou les rendre plus
rares, ne doivent point rassurer l'imagi-
nation. La cause de ces désastres subsistant
toujours, on est effrayé des suites vraisemblables de son action continuelle, qui pourront acquérir une telle intensité, qu'il n'y
restera plus de remède possible, et qu'on
perdra nécessairement une étendue considérable de terres précieuses.

Il seroit donc à souhaiter qu'en même
temps qu'on facilitera la navigation du Pô
par des travaux nécessairement coûteux,
on prît des précautions qui détruisissent ou

diminuassent les encombremens auxquels ce fleuve est sujet.

Il ne s'agiroit que d'empêcher qu'on défrichât, pour les livrer à la culture, les penchans des montagnes, lorsque leur élévation présenteroit un angle dont on fixeroit la mesure, et d'encourager, au contraire, les semis et plantations des arbres et arbrisseaux sur ces penchans.

Cette double mesure, réclamée depuis si long-temps, et dont la négligence a causé et cause encore tant de maux à certaines localités de la France, est de première nécessité pour le Piémont, surtout si l'on veut assurer la navigation du Pô : mais elle peut être l'objet d'une loi générale, et le Piémont auroit déjà bien mérité de la France, si l'examen de ses intérêts devenoit l'occasion de ce bienfait du Gouvernement.

Il y auroit encore un autre moyen d'utiliser les débordemens des rivières du Piémont et des autres parties de l'Italie réunies à la France; mais ce moyen auroit besoin des plus grands encouragemens, parce qu'il n'est pas à la portée de tout le monde. Il n'y a que de très-grands propriétaires ou une réunion nombreuse de petits propriétaires aisés, qui puissent l'employer. C'est celui des *comblées* (*colmate*), qui a eu tant de succès dans quelques contrées. C'est un chef-d'œuvre de l'industrie humaine. Je ne puis mieux faire que de rapporter ici textuellement ce que dit M. *Simonde*, dans son *Tableau de l'agriculture toscane*, sur ce moyen de restituer à la fertilité un terrein que les débordemens ont rendu marécageux.

« Les pluies d'Italie, dit-il, sont si violen-
» tes, qu'elles entraînent la terre qui couvre
» les montagnes, rongent et dissolvent le
» schiste qui en forme le noyau, et gon-
» flent les rivières d'un limon fertile.
» Celles-ci, qui ne paroissent ordinaire-
» ment que comme un filet d'eau perdu
» dans une plaine de gravier, deviennent
» après la pluie un fleuve immense de
» boue; elles couvrent bien vite un lit
» qu'on n'auroit pas cru fait pour elles,
» et s'élèvent avec violence contre des di-
» gues qu'un voyageur auroit jugées inutiles.
» Ce limon, perdu pour l'ordinaire, est
» porté à l'embouchure des fleuves, où il
» forme des bancs qui les encombrent et

» leur rendent toujours plus difficile l'en-
» trée de la mer.

» Ce fut une belle idée que celle de forcer
» les rivières à déposer, sur les plaines qu'elles
» avoient détrempées, le limon qui gênoit
» leur cours, et à réparer elles-mêmes le
» dommage qu'elles avoient fait. On ima-
» gina d'enclore les terres humides d'une
» digue en terre-plein, semblable en tout
» à celles qui enchaînent toutes les rivières
» de l'Italie; d'ouvrir à la partie supérieure
» le lit du fleuve, afin que, dans les temps
» où il charrie beaucoup de boue, il pût
» se jeter dans l'enceinte qui lui étoit
» préparée, y former comme un grand lac,
» et déposer sur le terrein tout le limon
» dont ses ondes étoient chargées.

» Lorsqu'ensuite les eaux sont redevenues
» limpides, l'on profite d'un temps où le
» fleuve soit presqu'à sec, pour ouvrir son
» lit dans la partie la plus basse, et les
» laisser couler. Souvent elles ont déposé,
» en une seule fois, trois ou quatre pouces
» d'un excellent limon. L'on répète cette
» opération aussi souvent qu'on le peut
» dans l'année, et l'on continue pendant
» trois ou quatre ans, au bout desquels le

» terrein est presque toujours assez élevé,
» pour que, même dans le temps des
» inondations, la rivière ne se gonfle plus
» de manière à pouvoir y entrer, ou du
» moins à y porter tant d'eau, qu'il vaille
» la peine de la faire déposer. En arrivant
» à ce terme, il devient également inutile
» et impossible de continuer. Dès que la
» plaine s'est élevée au-dessus du lit ordi-
» naire de la rivière, celle-ci, au lieu de
» la rendre marécageuse, reçoit désormais
» ses écoulemens. La fertilité du terrein,
» déposé par les comblées, est presque in-
» croyable : une de celles de mon voisi-
» nage, que l'on semoit, il y a deux ans, pour
» la première fois, avec cinq sacs de blé,
» en produisit cent vingt-cinq.

« Pour pouvoir faire une comblée, il faut
» que l'on ait, dans son voisinage, une ri-
» vière dont le limon soit fertile, car il y
» en a quelques-unes qui ne roulent que du
» gravier ou du sable. Il faut que cette ri-
» vière ait assez de pente, et que l'on pos-
» sède un assez long espace de son cours,
» pour qu'elle puisse recevoir, par l'écluse
» la plus basse, les eaux qu'on lui aura fait
» épencher par l'écluse la plus élevée. Il faut,

» enfin, que l'on ait assez de courage et des
» capitaux assz considérables, pour entre-
» prendre une dépense qui semble plus faite
» pour un prince que pour un particulier.

 » La digue qui entoure la dernière com-
» blée qu'ait faite le marquis *Ferroni*, près
» de Bellavista, a près de trois milles de
» circuit. Son épaisseur est assez grande pour
» que le chemin qui en fait le tour, ait pu
» être tracé à son sommet, et qu'on l'ait om-
» bragé de chaque côté par des peupliers
» plantés sur ses bords. On laissera subsister
» cette digue après que la comblée sera ter-
» minée, pour produire du bois de charpente.

 » Il est vrai qu'on n'est pas obligé de les
» faire si vastes; il est même incertain s'il
» convient mieux d'élever un seul grand en-
» clos ou plusieurs petits. Dans les grandes
» comblées, on a proportionnellement une
» digue moins longue à construire, parce
» que le rapport du contour à la superficie
» est d'autant plus petit, que celle-ci est plus
» grande. Dans les petites, au contraire, l'on
» n'est obligé de donner aux digues ni autant
» d'élévation, ni autant d'épaisseur, le poids
» des eaux qu'elles doivent soutenir étant
» moins considérable.

» Les plus belles comblées de la Toscane,
» sont : 1.º celles du Val di Chiana, qui ont
» rendu cette province marécageuse la plus
» fertile de tout l'Etat : elles ont été entre-
» prises, pour la plupart, sous la direction
» de l'ordre des chevaliers de S. Etienne ;
» 2.º celles de la plaine de Pise, qui sont
» l'ouvrage d'un couvent de Chartreux, ou
» plutôt de son économe, à qui son empire
» sur les eaux a procuré le surnom de *Nep-*
» *tune* ; 3.º enfin, celles du marquis *Fer-*
» *roni*, dans le Val de Nievole, près du
» marais de Fucecchio ».

Si l'on ajoute l'effet salutaire des différens
moyens que j'indique aux avantages que les
rivières procurent déjà aux pays réunis, soit
pour la navigation intérieure, soit pour l'irrigation des terres, les rivières pourront être
considérées comme la première base de la
prospérité de l'agriculture en Piémont et
dans les pays voisins.

Je n'ai pas besoin d'observer ici de quel
avantage elles lui sont déjà pour la navigation. Le Pô, malgré sa rapidité, est un moyen
de circulation et de richesses pour les villes
situées sur ses bords. Une de ses bouches,
qu'on nomme port de Goro ou Gruaro, est

toujours navigable, et laisse une communication ouverte avec la mer Adriatique. Ce fleuve a, d'ailleurs, des communications avec les rivières qu'il reçoit. On a successivement établi, et l'on terminera ou réparera cinq canaux dans le Piémont ; sa réunion avec Gènes peut en nécessiter d'autres dont l'importance n'échappera pas à notre souverain.

Mais il m'est impossible de ne pas indiquer ici le bienfait des irrigations que le Piémont doit aux rivières. C'est, en quelque sorte, l'ame de l'agriculture piémontaise. Le Piémont doit cette salutaire pratique aux croisades.

Il est certain que les anciens connoissoient l'art des irrigations : mais il n'est pas moins démontré qu'il étoit oublié dès le quatrième siècle. *Théodoric*, le premier roi des Goths en Italie, voulut l'y faire renaître. Il encouragea les dessèchemens, et fit donner une récompense, sur le trésor public, à un Africain venu à Rome pour y enseigner la méthode de l'irrigation des terres. Mais cet utile exemple n'eut pas le temps de faire d'assez grands progrès, et son effet fut bientôt détruit par les mœurs barbares des Lombards, par les rapines et les dévastations qui eurent lieu sous les successeurs de *Charlemagne*.

·· Mais les croisés, en revenant du Levant, apportèrent en Italie l'art de l'irrigation des terres, qui y étoit alors entièrement inconnu.

· Le Piémont et le Milanèz furent les premières provinces qui profitèrent de leurs instructions.

En Piémont, chaque portion de terrein susceptible d'irrigation, enrichit son propriétaire. C'est une chose étonnante pour l'observateur, de voir les plaines depuis Chivasso jusqu'à Turin, ravagées par les mêmes rivières qui, étant ensuite divisées, fertilisent les terres qu'elles arrosent. Coni est situé au confluent de la Stura et du Gesso; ces deux rivières ont détruit une quantité immense d'arpens de terre dans le voisinage de cette ville, et cependant elles contribuent merveilleusement à la fertilité de cette partie du Piémont. De Coni à Limoni, le vallon est arrosé, en partie, par le Gesso, dont les eaux sont très-bien divisées, et par la Varmegnana, qui rend si abondantes les récoltes en grains et en pâturages.

· Entre Turin et le Mont-Cénis, les points de vue sont admirables, et les prairies, dans la saison, ont la plus belle verdure possible. Elles sont arrosées par la Duria qui tombe des Alpes avec rapidité, et cause souvent de grands dégâts; mais, malgré son impétuosité, elle se laisse renfermer dans des canaux d'où elle est dirigée à volonté.

A la Novalèse, le vallon est resserré; le ruisseau y forme une cascade d'une hauteur étonnante sur une très-petite largeur. Cette quantité d'eau suffit pour fertiliser les terres adjacentes.

Il n'y a qu'un canton en Piémont, dont les prairies ne doivent pas leur fertilité à l'irrigation; c'est celui de Chieri qui va jusqu'à Moncalier. Mais c'est un sol naturellement humide et argileux, qu'il faut dessécher par des saignées et fumer tous les deux ans, quand on veut faire trois coupes par an.

Aperçu de l'agriculture du Piémont, et de la direction qu'on peut donner aux encouragemens qui y sont relatifs.

· Il sembleroit que le Piémont ait été destiné, de tous les temps, à être séparé de l'Italie. Mais, sans nous arrêter à des observations étrangères au but de ce Mémoire, et qui seroient plus curieuses qu'utiles, bornons-nous à justifier cette assertion par quelques indications relatives à l'agriculture.

Il seroit d'abord facile de prouver que jusqu'à présent le Piémont, et quelques parties du Milanèz, de la Toscane et du royaume de Naples, n'ont pas eu d'autres richesses que celles de l'agriculture, et même que le Piémont et quelques parties du Milanèz, ont été seuls des pays véritablement agricoles.

Mais examinons en quoi consiste, en général, l'agriculture de toute l'Italie, et nous verrons que le Piémont ne ressemble à aucune autre contrée de cette partie de l'Europe.

Les Italiens comptent six grandes récoltes qu'ils classent, d'après leur utilité réelle, ainsi qu'il suit : blé, huile, vin, soie, coton, lin et chanvre.

Cet ordre ne peut pas être conservé, quand on veut examiner l'agriculture du Piémont et des pays nouvellement réunis. On y aperçoit, d'un autre côté, une branche essentielle de culture, qui est presque étrangère

au reste de l'Italie, et qui devient la base
d'une grande richesse ; ce sont les prairies.

. Dans le Piémont, le sol est très-varié ; les
deux tiers de ce sol ne sont fertiles que par
l'art. Vigone, dans l'ancien marquisat de
Saluces, est un canton extrêmement fertile
en grains, mais il a peu d'étendue. On trouve
peu de terres en Piémont qui ne soient gra-
veleuses. Il y en a qui sont un mélange d'ar-
gile et de gravier, qui produisent d'excellentes récoltes de blé, comme on le voit aux
environs de Coni.

La culture n'est ni pénible ni coûteuse ;
un seul homme, avec une paire de bœufs,
laboure un arpent dans un jour. Les bœufs
sont attelés de manière que le joug porte sur
le col près des épaules. La charrue est sans
roue ; c'est une espèce d'araire à manche
mobile, et long de sept à huit pieds, s'éle-
vant, par un plan incliné, jusqu'à la hauteur
de la ceinture de celui qui le conduit. On ne
fume les terres que tous les trois ans, et elles
ne se reposent jamais. Ordinairement elles
sont ensemencées en grains, deux années de
suite, et la troisième en maïs ou en chanvre.
Après la moisson, on leur donne immédiatement un labour, pour y semer de suite du

millet, des haricots, etc., qu'on recueille en automne. Le produit des terres varie selon les fonds, les cultures et les saisons, depuis cinq jusqu'à huit pour un. Dans la montagne, où le labour ne peut se faire qu'à la bèche, on recueille de quinze à dix-huit pour un.

Les vins ne sont pas d'une grande importance dans le Piémont. On pourroit cependant y encourager la culture de la vigne, qui, en général, y est mal entendue ; mais il faudroit qu'elle ne se pratiquât que sur les collines qui s'élèvent au pied des Alpes, et qui pourroient abriter le raisin. On pourroit accorder des prix à ceux qui n'imiteroient pas les cultivateurs de quelques vignobles ainsi placés, qui élèvent leurs ceps sur des érables plantés à neuf pieds de distance l'un de l'autre. Ces érables couvrent la vigne de leur ombre, et s'offusquent encore mutuellement. Il ne faudroit pas imiter non plus ceux qui étendent leurs ceps sur des treilles immenses auxquelles ils donnent quelquefois jusqu'à quarante pieds de largeur, ensorte que les rayons du soleil ne parviennent presque jamais aux raisins.

En général, la culture de la vigne est très-arriérée en Italie. Certaines localités du Piémont auroient d'excellent vin, si l'on plaçoit les vignes sur une côte exposée au sud-est, qu'on les divisât par plates-bandes ou couches qui descendroient avec la montagne, et à chacune desquelles on donneroit une pente artificielle du côté du soleil, tandis que de l'autre, elle formeroit une arrête qui seroit un nouvel abri.

Ce moyen très-bien développé par M. *Simonde*, qui a examiné lui-même les différens vignobles d'Italie, pourroit devenir une nouvelle source de richesses pour le Piémont et pour les pays réunis, si l'on y ajoutoit l'instruction sur la fabrication des vins. Il seroit à souhaiter que l'excellent ouvrage de M. le sénateur *Chaptal*, sur une industrie si intéressante pour l'économie rurale, fût extrait et traduit en faveur des cultivateurs Piémontais qui peuvent lire. Un ou deux exemples, donnés par des propriétaires éclairés, suffiroient pour populariser la bonne méthode, quand on y verroit des résultats avantageux pour l'intérêt personnel.

- Une amélioration est d'autant plus nécessaire dans la culture de la vigne et la fabrication des vins en Piémont, que l'abondance du vin y est plus considérable. On ne peut ni le conserver ni l'exporter : mais aussi il n'y a peut-être pas de pays où la manipulation du raisin soit plus vicieuse.

On attend souvent trop tard pour vendanger; on ne consulte, à cet égard, ni les années ni la localité. Dans plusieurs endroits, on forme des meules de raisin, comme des meules de foin, et on les laisse dans cet état pendant plusieurs jours. La fermentation déjà commencée quand on le porte à la cuve, donne au vin une saveur désagréable, et une couleur noire. Dans d'autres localités, on le transporte écrasé en partie dans les cuves, la fermentation y parcourt toutes ses périodes, et, au bout de sept à huit jours qu'elle a cessé, on foule complètement afin de la faire recommencer. Pendant que cette opération dure, on précipite, tous les soirs, la rafle au fond de la cuve, afin que le vin la lave et en détache toute la partie colorante ; enfin, on a la coutume, dans presque tout le Piémont, de laisser le vin dans de grandes cuves sous des hangards, pendant vingt et trente jours, sans le tirer. Comment pourroit-on espérer de bons vins, après de pareilles manipulations ?

La soie est une des plus riches productions du Piémont, tant pour le propriétaire que pour le fermier. Le propriétaire fournit la graine des vers à soie et la feuille du mûrier aux paysans qui confient à leurs femmes et à leurs enfans l'éducation des vers, qui dure six semaines. Le produit de cette éducation est partagé entre le propriétaire et le paysan. Le décret impérial, donné à S. Cloud le 4 thermidor dernier (24 juillet 1805), est un bienfait pour le Piémont. Il règle tout ce qui concerne l'exploitation des soies, et assure au pays le bénéfice considérable de leur préparation, par la prohibition de la sortie des cocons. Ce n'est pas moins un bienfait politique, puisqu'il resserre les liens de la France et du Piémont, qu'il est favorable à nos manufactures, et qu'il peut devenir fâcheux pour les fabriques anglaises.

On ne sauroit donner trop d'attention à ce qui concerne l'éducation des vers à soie, et la préparation de la soie ; cette partie doit nécessairement être continuellement encouragée (1).

(1) On fait remonter à cent cinquante ou cent quatre-vingts ans au plus la culture du mûrier en Piémont. Elle n'y a fait de progrès réels que vers la fin du dix-septième siècle, que *Victor II* fit venir de Bologne un artiste

Le coton ne peut pas figurer dans les récoltes du Piémont, parce qu'il exige une terre
légère un peu humide et un climat plus
chaud. Il ne faut rien conclure du succès de
quelques essais particuliers; un homme d'é-
tat qui réfléchit, ne pensera point à encourager cette culture en Piémont, d'abord
parce qu'il est facile, et qu'il deviendra plus
facile encore de se procurer du coton à un
aussi bas prix qu'on pourroit l'acheter ou le
vendre si on le cultivoit, ensuite parce qu'il
n'est pas d'une bonne politique de prétendre
à la production de toutes les matières premières dont l'échange fait la base du commerce extérieur; et qu'enfin, dans quelque
endroit que ce soit du Piémont, on pourra
toujours introduire une culture bien préfé-
rable à celle du coton.

Mais un article de la plus grande importance pour le Piémont, est celui des prairies.
L'administrateur ne doit jamais perdre de

pour établir le premier moulin à soie du côté de la Véné-
rie. Bologne étoit extrêmement jalouse de cette méca-
nique, et elle fit pendre en effigie l'artiste qui la donnoit
aux Piémontais. *Victor II*, pour le consoler, lui accorda
le titre de comte, et c'est de lui que descend la famille
Barbarasco.

vue la nécessité de leur multiplicité et de leur perfectionnement. C'est le seul moyen de multiplier les bestiaux, qui forment déjà un objet considérable dans la balance du commerce du Piémont. Il en exportoit autrefois en France seulement, pour un million; cette valeur peut être facilement doublée, si l'on encourage, comme on le doit, les prairies naturelles et artificielles et l'éducation des bestiaux.

Une ferme piémontaise a ordinairement du quart au tiers de sa contenance en prairies. Celles qui ont la proportion du tiers, sont assez rares, et il en est même beaucoup qui sont au-dessous du quart. Mais comme les prairies s'arrosent presque partout à volonté, elles donnent une grande abondance de fourrages. On y lève communément trois coupes de foin, et quelquefois quatre. On les abandonne ensuite aux gros bestiaux jusqu'à la fin de l'automne, et ils sont remplacés par des moutons qui ne quittent que lorsque la terre est couverte de neige.

Le chanvre est un objet de culture fort important en Piémont; le lin a commencé à y être cultivé depuis plus de vingt ans; mais comme on n'a pas de seranceurs habiles, ni

13

même d'instrumens propres à le manipuler, cette culture a fait peu de progrès.

Le châtaignier, l'arbre à pain de l'Europe, est très-commun et de la plus belle venue ; toutes les vallées qui bordent le Piémont en ont plus ou moins : mais il s'en faut de beaucoup qu'on ait le quart des châtaigniers qu'on pourroit et qu'on devroit avoir. De nombreuses collines, qui n'ont pas assez de fond ni pour les grains ni pour les prairies, pourroient être couvertes de châtaigniers. On y en trouve fréquemment des buissons qu'on devroit greffer, et personne ne s'en occupe.

L'olivier n'est pas cultivé, ce qui étonne tous les habitans du midi de la France qui arrivent en Piémont. Il seroit possible, sans doute, qu'il n'y réussît pas partout; mais aussi les provinces d'Italie ou de France qui l'élèvent, n'en ont pas dans toute leur étendue. Les Piémontais pourroient imiter cet exemple avec succès, et ne pas s'imaginer que l'olivier est déplacé partout où il peut geler ou neiger. Les gelées extraordinaires lui sont funestes, sans doute, quand elles se soutiennent, et on a éprouvé ce malheur plus d'une fois dans la Provence et le Languedoc ; mais on n'abandonne pas pour cela la culture de

l'olivier dans les contrées où elle réussit ordinairement. « L'olivier, dit M. *Maranda* que
» j'ai déjà cité, peut tellement supporter
» plusieurs jours de neige et de gel, que je
» l'ai vu dans les montagnes de la Toscane,
» (an VII), couvert de l'une et de l'autre avec
» ses fruits pendant six jours, sans qu'il ait
» souffert; et cette année (an XI), n'a-t-il
» pas neigé fortement à Rome et même à
» Naples, sans qu'on se plaigne d'aucun
» dommage à l'olivier? » Il est certain que
l'olivier réussiroit très-bien sur tout le midi
de la colline de Turin, depuis Montcalier
jusqu'à Casal, et dans plusieurs localités du
ci-devant département du Tanaro. C'est une
conquête à faire pour le Piémont.

Ainsi, en dirigeant particulièrement ses
soins vers les travaux qu'exigent les rivières
pour devenir aussi avantageuses qu'elles
peuvent l'être à l'agriculture, vers le perfectionnement de la culture de la vigne et de la
fabrication du vin, vers l'augmentation et la
perfection des soies, des prairies et des bestiaux, vers la plantation des oliviers, on
aura résolu le problème de la véritable prospérité de l'agriculture piémontaise.

Il est cependant un point assez essentiel

qu'il ne faut pas négliger ; c'est celui des baux
à ferme. Je n'ai pas de renseignemens assez
précis sur l'état actuel de ces conventions
dans le Piémont et dans le pays de Parme et
de Plaisance, pour donner à mes idées sur
ce point tous les développemens qu'on pourroit désirer. Je me bornerai à souhaiter que
les baux à long terme y deviennent communs,
parce que c'est un moyen sûr d'intéresser un
riche fermier et de l'encourager à faire des
améliorations. Les métairies sont la perte de
l'agriculture, et les baux de trois ou six ans
sont nuisibles à ses progrès.

Pourquoi n'introduiroit-on pas, par exemple, l'usage reçu dans quelques localités de
l'Etrurie, et qui, sous beaucoup de rapports,
ressemble aux domaines congéables de notre
ci-devant Bretagne? Les fermiers, moyennant
une rente annuelle invariable, soit en argent,
soit en denrées, sont propriétaires des domaines pour quatre générations de suite.
Souvent, à cette époque, ils renouvellent le
bail pour quatre autres générations, en payant
15 pour 100 de la valeur du sol, sans accroître la rente annuelle. Les propriétés ainsi
affermées se vendent comme les autres, et
les paysans ont le plus grand intérêt à les

améliorer. Aussi sont-ils tous riches dans les
contrées où cet usage est établi.

PARME et PLAISANCE.

Les observations que je viens de faire sur
le Piémont, sont presque entièrement applicables au pays de Parme et de Plaisance.

Ce pays est, comme le Piémont, essentiellement agricole. Son sol est très-fertile,
et il peut, avec des soins, le devenir davantage. C'est une terre grasse mêlée de sable ou
de gravier. Les pâturages et les bestiaux y
sont excellens ; mais les bêtes à laine sont
d'une mauvaise race , les fermes sont très-
petites, et l'agriculture fort au-dessous de ce
qu'elle devroit être. En général, les *Bourbons*
ont beaucoup négligé l'amélioration du pays.

Cependant, quoique cet Etat fût d'un poids
bien peu considérable dans la balance du
commerce de l'Europe, ses importations surtout étoient d'un grand intérêt pour la France.
Il nous fournissoit des soies très-estimées ,
des grains, du riz, de l'huile d'olive, des
bestiaux, des fromages, des cuirs, des fourrages, des bois et même des vins.

Il seroit difficile, et peut-être impossible

d'offrir un tableau exact de ces importations, de leur valeur et des objets de nos manufactures que nous donnions en retour, parce que c'étoit par Gênes et Livourne que s'opéroient ces échanges, confondus avec la masse de notre commerce en Italie.

Mais je me rappelle que dans l'an IV (1795), lorsqu'on voulut faire un traité de commerce avec le duc de Parme, le commerce français, et surtout la ville de Lyon, montra la plus grande sollicitude.

L'article de la soie étoit le plus important pour les deux états; c'étoit celui dont nos manufactures avoient le plus grand besoin, et celui qui occupoit le plus de bras et donnoit le plus de produit au Parmesan.

En effet, les trames de Parme et Plaisance étoient très-recherchées pour nos fabriques de Lyon, Tours et Saint-Etienne, et le duc de Parme ne vouloit pas consentir à ce que lá France gagnât les produits de la filature, parce que ses sujets, femmes, enfans et vieillards trouvoient depuis long-temps une occupation fructueuse dans la filature des cotons et des soies grèzes. Nous ne pouvions insister alors, et le duc de Parme ne pouvoit insister lui-même que sur la modicité du droit à la sortie du Parmesan et à l'entrée en France.

La réunion fait disparoître toutes ces difficultés, et assure à la France ce double produit, motif d'émulation pour l'industrie qui prépare les soies, et pour celle qui les emploie.

Je ne puis évaluer la somme que produira cette branche des relations commerciales, soit pour le Parmesan, soit pour nos fabriques intérieures, parce qu'il n'existe point de documens sur lesquels on puisse établir cette évaluation; mais les avantages réciproques n'en sont pas moins certains.

Les produits de nos pêches et de nos colonies peuvent encore avoir un débouché très-important pour nous dans le Parmesan. En général, tous les peuples de l'Italie sont grands consommateurs de cette espèce de marchandises.

D'ailleurs, il est à présumer que la situation heureuse du Parmesan dans les pays de la réunion, et que sa grande fertilité lui donneront des avantages qu'il n'a pas connus jusqu'à présent, et que ces avantages y feront naître le véritable esprit de commerce dont l'activité augmentera en proportion des profits.

Mais son agriculture a besoin de plus grands encouragemens.

Le point le plus essentiel seroit d'y maîtriser les rivières et les ruisseaux, et de contenir et diriger leur cours. Les ruisseaux, après des pluies violentes, y augmentent tellement, qu'il y a du danger à les passer avant que la crue soit diminuée. Les rivières sont encore plus dangereuses. Parme est divisée en deux parties par la rivière qui porte son nom. Son lit est large, et pendant une moitié de l'année, elle est à sec. Le Taro est divisé en plusieurs bras qui entraînent tout ce qu'ils rencontrent dans leur cours. Le Sturone est encore plus effrayant, et il n'y a pas de passage de rivière plus dangereux. Toutes ces rivières roulent un limon très-nuisible à la végétation. La Trebbia n'est qu'un torrent à sec pendant l'été, et ravageant tout le pays pendant l'hiver. Le Tidone, qui en est voisin, stérilise les terres de ses bords. Toutes ces rivières ne sont funestes, que parce que les montagnes d'où elles viennent sont entièrement dépouillées de bois. On doubleroit les produits agricoles du Parmesan, si l'on remédioit à ces maux.

Les pâturages et les bestiaux y sont excellens, principalement dans les environs de Plaisance, où l'irrigation est pratiquée. Mais cette méthode est négligée dans beaucoup de lieux où elle seroit salutaire ; il faut particulièrement l'encourager, et l'on augmentera ainsi l'exportation des bêtes à cornes dans les pays limitrophes, qui est déjà un objet important.

Les bêtes à laine pourroient être une nouvelle source de richesses, et la vente des laines est aujourd'hui bien peu considérable. Cependant Parme étoit célèbre autrefois par ce genre de commerce.

> Tondet et innumeros gallica Parma greges,

dit *Martial* (Epigr. Lib. V. Epigr. 13. *in Callistratem*). Il met, dans un autre endroit, les laines de Parme au - dessus de celles d'Altino, qui avoient à Rome beaucoup de célébrité.

> Velleribus primis Apulia, Parma secundis ;
> Nobilis Altinum tertia laudat ovis.
>
> *Lib. XIV.* Epigr. 153.

On n'a point encouragé l'éducation des bêtes à laine, et leur race est aujourd'hui totalement dégénérée. Il appartient à un Gou-

vernement , tel que celui de la France, de
rétablir la réputation des laines de Parme.

La récolte de la soie est celle à laquelle on
donne le plus de soin. Son principal débouché
a été jusqu'à présent Lyon et l'Angleterre.
Indépendamment de ce qu'on en consomme
dans le pays , on évalue à sept cent mille fr.
cette exportation annuelle, qui peut être fort
augmentée.

Il ne faut pas négliger non plus le perfectionnement de la culture de la vigne et de la
fabrication des vins. Les vignes de Plaisance
donnent un vin assez généreux , ce qui provient de ce qu'on les cultive un peu mieux
que dans quelques pays voisins, et de ce qu'on
n'élève et n'allonge pas autant qu'ailleurs la
vigne à la taille. A l'entrée de l'hiver , on la
détache des ormeaux qui la supportent, et
qu'on a soin de tenir fort bas ; on la couche
et on la recouvre de terre pour la préserver
des gelées.

Enfin , on ne sauroit trop encourager dans
ce pays la plantation des arbres. Il renferme
déjà beaucoup d'oliviers et de châtaigniers.

Il est de l'intérêt du pays et de l'intérêt de
l'Empire auquel il est réuni , que le Gouvernement s'applique particulièrement à en aug-

menter les produits agricoles. C'est un moyen
assuré d'augmenter les débouchés de nos
manufactures intérieures. Celles qui peuvent
le plus en espérer, sont les draperies de
Sedan, de Louviers et d'Elbeuf ; les camelots
de différentes qualités d'Amiens et de Lille ;
les pannes et étamines de Rouen, de Rheims
et du Mans ; les serges et les velours de coton,
les quincailleries de l'Aigle et du ci-devant
Forez ; la bijouterie de Paris, les étoffes de
soie, les dorures et les galons de Lyon.

GÈNES.

Le pays de Gènes, presque tout montueux,
est resserré entre les Apennins et la mer, et
coupé par des précipices. Les montagnes qui
le renferment sur divers points, offrent des
forêts, des rochers stériles et nus, et quelques pâturages. Ces circonstances annoncent
assez que ce pays doit être ravagé par des
torrens. Dans un espace de six milles environ, on est obligé de passer quarante fois la
Pozzevera, ce qui prouve le peu d'attention
qu'on y a donnée aux améliorations. On ne
pouvoit pas, sans doute, tracer la route sur
l'ancien lit de la rivière, puisqu'on creusoit
toujours de nouveaux canaux ; mais on auroit

pu la tracer sur le penchant des collines,
ainsi que cela se pratique ailleurs.

Quoiqu'il en soit, le pays de Gènes jouit
en général d'un air pur et salubre ; il produit
de bons végétaux, des fruits excellens, mais
peu de grains. Il tire une bonne partie des
blés dont il a besoin du royaume d'Italie,
de Naples et Sicile, et d'autres contrées :
mais cette extraction, entre les mains des
Génois, ne leur donne pas seulement le blé
qui leur est nécessaire ; elle est encore pour
eux l'occasion d'un commerce considérable
et très-lucratif.

Les côtes de Gènes produisent beaucoup
d'oliviers, et l'huile est une branche intéressante du commerce du pays.

Les habitans sont très-industrieux pour la
culture ; ils savent mettre en valeur les ter-
reins arides, les montagnes et les rochers
même. Aussi ont-ils, toute l'année, les plus
belles productions de jardinage et les meilleurs légumes. On y fait, non-seulement du
vin ordinaire, mais aussi du muscat, et on
y a des fruits excellens. La *riviera di Po-
nente*, en particulier, abonde en limons,
oranges, grenades, figues et amandes. La
grande quantité de mûriers permet de nour-
rir beaucoup de vers à soie.

Tous ces avantages ne sont, pour les Génois, que des accessoires qu'il ne faut pas négliger, sans doute, mais qui ne peuvent pas être la base la plus solide de leurs richesses. Leur prospérité est entièrement fondée sur les manufactures et le commerce.

Gènes fut pendant long-temps la rivale de Venise , en partageant avec elle le commerce d'Egypte et du Levant. De-là , les guerres continuelles entre les deux républiques. Elles revinrent enfin à une sorte d'égalité pour le commerce , avec cette différence que les Vénitiens faisoient un plus grand commerce que les Génois dans le Levant, et que les Génois en faisoient un plus considérable que les Vénitiens, en France, en Espagne , dans les autres Etats de l'Europe , et indirectement dans le Nouveau-Monde.

Ce partage n'étoit pas aussi égal qu'il le paroissoit, parce que le commerce est d'autant plus solide, que ses relations sont multipliées, et que conséquemment il a plus de moyens de multiplier ses profits, et de couvrir les pertes auxquelles il est exposé. Sous ce point de vue le commerce de Gènes avoit l'avantage.

Mais tant que la puissance vénitienne s'est soutenue par elle - même , la protection qu'elle a pu donner à son commerce , a eu une efficacité proportionnée à la place qu'elle occupoit dans la balance politique de l'Europe. C'étoit un avantage réel qui étoit perdu depuis long-temps pour les Génois, puisqu'ils avoient besoin de faire protéger leur commerce par une puissance qui avoit intérêt à le diminuer, ou qui ne le favorisoit qu'autant qu'il pouvoit lui être utile à elle-même. Aussi les Génois, bien malgré eux, sans doute, pouvoient-ils être considérés comme des commissionnaires anglais. Il y avoit toujours un grand nombre de bâtimens de Gènes qui commerçoient sous le pavillon anglais, et dont les capitaines, quoique Génois, avoient servi en Angleterre, et obtenu des lettres de capitaines anglais.

D'un autre côté, les manufactures de Gènes se sont beaucoup mieux soutenues que les manufactures vénitiennes, soit que les bénéfices qu'elles en retiroient constamment, leur aient permis de donner toujours les mêmes soins et la même perfection à leurs produits, soit que ces produits fussent d'un genre qui redoutât moins la concurrence que la plupart des produits des manufactures vénitiennes. C'est toujours un avantage considérable pour le commerce d'une nation que d'entretenir une vente constante des produits de ses manufactures, et par le degré de perfection qu'on leur donne, et par le choix qu'on a fait de l'industrie qui convient le mieux à ses spéculations.

Aussi le principal commerce de Gènes consistoit dans la vente à l'étranger, de ses étoffes d'or et d'argent, de ses velours, de ses satins noirs et de couleurs, de ses damas, de ses papiers pour l'écriture et l'impression, etc., et dans le transport des productions et marchandises étrangères dans les différens ports de l'Italie.

Les soies grèzes et en matasse, que les Génois tiroient des différens ports de la Sicile, servoient à alimenter leur fabrique. L'attention qu'ils apportent dans le choix de ces matières premières, le soin particulier qu'ils ont de les bien préparer, l'habileté des ouvriers qu'ils emploient, la bonté et la beauté de leurs étoffes, les font rechercher de toutes les nations.

Ils se servent aussi des soies grèzes pour les faire monter en trames, à un et à deux bouts; leur netteté et leur apprêt leur méritent, en France et en Espagne, la préférence sur presque toutes les autres trames d'Italie.

Avant la réunion, la fabrique de Gènes fournissoit, année commune, plus de six mille pièces de damas ou demi-damas, et six mille pièces de velours, ce qui étoit évalué à plus de huit millions. La consommation s'en faisoit en Italie, au Levant, en Allemagne, dans le Nord, en Russie, en Angleterre, en Espagne, en Portugal, en Hollande et en France.

Les papiers de Gènes étoient aussi l'objet d'une exportation considérable. J'en ai déjà parlé dans la première partie de ce Mémoire; j'ajouterai ici quelques détails d'un ouvrage qui m'a fourni beaucoup de renseignemens précieux, et qui n'est point assez répandu dans le commerce; c'est le *Dictionnaire Universel de géographie commerçante*, par M. *Peuchet.* Il suffiroit pour établir la réputation de son auteur, qui s'est encore distingué par beaucoup d'autres ouvrages utiles à son pays.

« Les papiers qui se fabriquent dans l'Etat » de Gènes, dit-il, sont moins estimés qu'au- » trefois : néanmoins l'exportation en est en- » core considérable. Ils passent en Espagne, » en Portugal, en Angleterre, et surtout en » Amérique où ils sont recherchés, parce » qu'ils n'y sont point touchés par les mites.

» Ce papier provient des fabriques établies » dans l'Etat de Gènes, où il y a environ » cent dix moulins.... Ces cent dix moulins

» fournissent, tous les ans , onze mille balles
» de papiers, chacune de tren'e-deux rames,
» qui sortent de l'Etat de Gènes, savoir :

25o *balles*	papier marquille.
25o	marca mayor.
100	protocollo.
3,5oo	florette, qui est le plus fin.
6,900	papier ordinaire.

TOTAL. 11,000 *balles.*

» De cette quantité, on en consomme en
» Espagne environ deux mille cinq cents
» balles, qui font quatre-vingt mille rames,
» sur quoi on estime qu'il en faut mille balles
» pour Madrid... Les huit mille cinq cents de
» surplus, se transportent en Angleterre et
» en Hollande, d'où l'on fait passer la plus
» grande partie de cette quantité à leurs co-
» lonies de l'Amérique, pour en être fait un
» commerce frauduleux dans les places des
» Indes espagnoles.

» Dans le temps que la flotte de la Nou-
» velle-Espagne et les galions doivent par-
» tir, il se fait de grands envois de papier
» de Gènes à Cadix, où l'on en charge ordi-
» nairement, sur les flottes et galions, jus-
» qu'à six mille balles, et infiniment davan-
» tage, lorsqu'on diffère à les faire partir.

14

» Cette fourniture est très-avantageuse aux
» Génois, d'autant que tout le papier qui se
» consomme au Mexique et au Pérou, pro-
» vient des Etats de leur république. Six
» mois avant et après le départ des flottes et
» galions, les Anglais et Hollandais ne ti-
» rent qu'une petite quantité de papier de
» Gènes, à cause de celle que les Espagnols
» envoient en Amérique ».

Non-seulement les Génois peuvent tirer
un grand parti de leurs manufactures ; mais
la position de leur port, et le voisinage de
celui de Marseille, doivent leur donner de
grands avantages pour la navigation commerciale. On peut dire aussi qu'avant la réunion leur commerce de transport étoit celui
de toute l'Italie qui avoit le plus d'activité.

Il ne peut que gagner beaucoup à la réunion, et dans l'état actuel de l'Europe, cette
réunion devenoit indispensable pour eux. Ils
font aujourd'hui partie de la grande nation,
et leur commerce efficacement protégé,
jouira du bénéfice immense qu'une pareille
protection lui assure.

La côte de Gènes ne pouvoit être défendue
par ses seuls vaisseaux ; il lui falloit un appui, et elle ne pouvoit le trouver que dans
la France ou l'Angleterre. Une longue expé-

rience a appris aux Génois que le peuple
marchand des îles Britanniques ne peut protéger qu'en écrasant, parce que le commerce,
et un commerce qui tend toujours a l'exclusif, est la première et même l'unique base de
sa puissance. La France, au contraire, par
intérêt et par affection, a besoin de soutenir
et de multiplier les puissances maritimes ;
agricole, manufacturière et commerçante,
elle offre plus d'objets d'échange qu'aucune
autre nation, elle a moins de motifs de com-
primer et d'enchaîner l'industrie et le commerce étrangers, elle est grand consommateur de tout ce qu'elle ne produit point, et
l'activité de son commerce doit être telle,
qu'elle peut présenter des bénéfices considérables à ceux qui la secondent, sans rien perdre de ceux qu'elle se procure.

D'ailleurs, elle encouragera les fabriques
et les manufactures génoises; elle donnera
une attention particulière aux papeteries de
ces nouveaux départemens. Elle examinera
la quotité des droits auxquels les papiers génois sont soumis, et peut-être en obtiendra-
t-elle la diminution, surtout pour ceux qui
entrent à Cadix et dans toute l'Andalousie.

Il étoit important pour Gènes d'avoir des
chemins de communication avec le Piémont

et le pays de Parme ; ces chemins existeront
bientôt, et pour l'intérêt de Gènes, et pour
l'intérêt des pays auxquels ils aboutiront.
C'est ainsi que se réalisera le vœu, depuis
long-temps formé par les Génois, d'avoir une
route qui conduise de la Spezia jusqu'au Val
di Taro, qui appartenoit au ci-devant duc
de Parme, et qui appartient maintenant à la
France. En vain avoient–ils fait les frais de
la moitié de cette route, qui leur étoit si essentielle, en vain avoient-ils la promesse du
duc de la continuer jusqu'à Fornoue, et la
permission de la conduire jusque-là à leurs
dépens ; l'or et les insinuations de l'Angleterre, et les sollicitations du grand duc de
Toscane *Ferdinand II*, dont la sœur étoit
duchesse de Parme, et qui craignoit la diminution du commerce de Livourne, l'em-
portèrent sur les promesses qui avoient été
faites. Les Génois sont aujourd'hui dans la
position la plus favorable à cet égard.

Mais il est une amélioration importante
pour eux, et que leur commerce doit désirer ; c'est la franchise du port de Marseille.
En effet, le port de Gènes, quels que soient
les changemens arrivés dans le commerce,
ne peut jamais rivaliser le port de Marseille,

dont il n'a ni la position ni les avantages (1).
Il est, à la vérité, grand, large et profond,

(1) Telle est aussi l'opinion des ingénieurs, consignée
dans le rapport général sur les travaux des Ponts et
Chaussées, présenté à S. M. I. et R. Je dois transcrire ici
le passage de ce rapport qui concerne le port de Gênes.
Il servira de complément à ce que j'en dis ici, et je m'ap-
plaudis d'avoir pu connoître ce beau rapport avant l'impression de ce Mémoire, puisqu'il me met à portée d'indiquer une amélioration qui sera très-utile au commerce.

« Il paroît démontré que le port de Gênes, dans son
» état actuel, se refuse à un établissement de marine mi-
» litaire, les darses ne présentent ni assez de profondeur
» d'eau, ni une largeur d'entrée suffisante, ni les superfi-
» cies nécessaires pour y recevoir les vaisseaux. On pense
» que, malgré tous les efforts de l'art, elles ne pourront
» jamais servir d'une manière convenable à cet usage.

» Le port proprement dit, est, dans son état actuel,
» exposé à tous les vents du large : les vents de terre y
» tombent par rafale de l'Apennin ; les vagues y éprou-
» vent un mouvement de ressac très-dangereux ; le fond,
» dans son intérieur, est à peine suffisant pour des bâti-
» mens de commerce.

» La rade est encore plus exposée aux effets du vent ;
» elle n'offriroit de station de quelque sûreté pour la
» marine militaire, qu'au moyen d'un môle ou chevron
» brisé à quatre ou six cents mètres en avant de la passe,
» et qui la couvriroit. Construit sur trente à trente-trois
» mètres de fond, cet ouvrage coûteroit autant que la
» digue de Cherbourg.

» La partie orientale de l'enceinte du port de com-

mais la grande ouverture qui est entre les deux môles, laissant un trop grand espace de mer exposé aux vents du sud, du sud-est et du sud-ouest, il est beaucoup moins sûr que celui de Marseille. Celui-ci a, d'ailleurs, le grand avantage d'être plus central pour l'Europe, et d'offrir des communications faciles sur un plus grand nombre de points. Si la franchise y est établie, ce sera un bienfait pour tous les ports de la France, un bienfait même pour le commerce étranger qui aura ainsi un régulateur pour ses spéculations sur l'Italie et sur le Levant; mais Gènes dont le voisinage l'établit, en quelque sorte, la succursale de ce port, y gagnera plus qu'aucune autre contrée. C'est alors, et alors seulement que son commerce de transport acquerra une latitude et une activité qui seront pour elle une source précieuse de richesses.

» merce, est la plus susceptible d'amélioration, mais
» seulement pour la marine commerciale : il s'agiroit de
» prolonger le vieux môle de cent à cent-vingt mètres.
» Cet ouvrage, élevé sur des fonds de cinq à six brasses,
» coûteroit, avec quelques opérations de curement, etc.,
» environ six cent mille francs. On pourroit en diviser
» l'exécution en quatre ans ; l'effet du ressac en seroit
» considérablement diminué ».

DU COMMERCE

DE LA RUSSIE,

Et principalement de son commerce dans la mer Noire,
et de ses relations commerciales avec la France.

La Russie est un des pays le plus heureusement situés pour le commerce, parce qu'il
en est peu qui communiquent par un plus
grand nombre de points à toutes les contrées
qui appellent le commerce, et qui soient plus
susceptibles d'améliorations en ce genre.

On est bientôt convaincu de cette vérité,
et on seroit tenté de croire qu'elle doit déjà
se placer au premier rang des nations commerçantes, quand on considère ses relations
avec la mer Baltique et la mer Blanche, la
mer Noire et la mer Caspienne, la mer
Glaciale et le golfe du Kamtschatka, la Pologne et la Perse, les Kalmous et les Kirgises,
les Bouchariens et la Chine; quand on réfléchit à la fertilité de plusieurs de ses provinces,
à la variété de leurs climats et de leurs productions, à l'intelligence et à l'adresse de ses
habitans; quand on pense, enfin, qu'elle
peut construire le plus grand vaisseau, à
douze fois meilleur marché qu'il ne coûteroit
à la France et à l'Angleterre.

Pierre-le-Grand sentit de bonne heure quelles hautes destinées étoient réservées à son empire, s'il ouvroit à ses sujets de grandes communications pour les échanges du nord et du midi. Son génie lui suggéra les plus vastes projets; il méditoit en même temps le commerce des Indes par la Tartarie et la Sibérie; celui de la Perse par la mer Caspienne; celui de la mer Noire et de la Baltique, et des expéditions au Kamtschatka. Il dirigea vers ce but ses forces, ses démarches et ses mesures d'administration, sans pouvoir l'atteindre. *Catherine II*, plus heureuse, réalisa une partie de ses projets, et prépara les voies à leur entière exécution.

Mais, malgré les justes éloges qu'on a donnés à ces illustres souverains, la Russie est encore bien éloignée des progrès qu'ils ont voulu procurer à son commerce. Des causes multipliées s'y opposent, et, tant qu'elles existeront, elle ne pourra obtenir que quelques succès précaires.

Quelle est, en effet, la première base du commerce? le crédit et l'argent.

On n'obtient le crédit que par le temps et une longue expérience. Le commerce russe n'est point assez ancien, les négocians nationaux ne sont ni assez nombreux ni assez éclairés ; ils n'ont pas, en général, une réputation assez bien établie pour se flatter d'obtenir, directement et sans appui étranger, cette confiance sans laquelle il n'existe point de commerce. '

Il est d'ailleurs impossible à la Russie d'avoir un numéraire abondant ; toutes ses richesses pécuniaires sont concentrées dans une ou deux capitales, ou entre les mains des étrangers (1).

On a voulu allier, et on a quelquefois allié, dans cet empire, au despotisme le plus absolu, les institutions les plus dignes d'une monarchie paternelle : mais les peuples qui

(1) Le numéraire a toujours été et sera toujours rare en Russie, tant que ce pays immense ne sera pas éclairé et vivifié par le commerce. Ses mines d'or et d'argent sont d'un produit trop foible pour fournir aux besoins de la circulation. Il sort d'ailleurs annuellement beaucoup de numéraire de Russie, soit par le moyen des Russes opulens qui voyagent, soit par les étrangers qui quittent le pays aussitôt qu'ils y ont fait fortune. Le gouvernement a pris, il est vrai, les précautions les plus sévères pour empêcher ce mal dont il connoît toute l'étendue; mais ces précautions sont presque toujours impuissantes, et elles deviendroient inutiles, s'il pouvoit établir une circulation active par le commerce. Il faut ajouter encore que quelques russes sont dans l'usage d'enterrer secrètement l'argent qu'ils amassent, pour le soustraire à l'avidité de leurs maîtres.

veulent commercer avec fruit, doivent obéir
à des lois fixes et connues, et ne pas dépendre
de la bonne ou mauvaise volonté, des lumières ou de l'ignorance, du caractère doux
ou emporté, conciliant ou extrême de celui
qui les gouverne. Le commerce ne se fait
pas par une seule partie; il faut un acheteur
à un vendeur, et un vendeur à un acheteur;
il faut que l'un et l'autre puissent confier
leurs intérêts à des lois stables et permanen-
tes; sans cette condition, les étrangers évi-
tent les relations commerciales avec le pays
dépourvu de ces avantages. La fixité des lois
anglaises, et l'attention particulière que l'on
a donnée chez ces insulaires aux intérêts réciproques du commerce, sont une des causes
de leur prospérité commerciale.

La Russie a été jusqu'à présent dans une
position bien différente; l'opinion établie
sur l'arbitraire de son gouvernement, les
évènemens tragiques qui en ont si souvent
changé la face, et ont occasionné tant de
variations dans les lois et les fortunes, ont
essentiellement nui aux progrès de son commerce.

Les Russes n'ont pas une seule compagnie
d'assurance; tout s'assure dans les pays étran-

gers, mais principalement à Londres et à Amsterdam.

Presque tout le commerce maritime est entre les mains des étrangers. Anglais, Hollandais, Français, Suédois, Danois, Dantzig, Hambourg et Lubeck se le partagent inégalement. On peut même dire aujourd'hui que l'Angleterre est parvenue à s'en assurer la presque totalité, surtout dans le nord et la Baltique.

La faveur de l'Angleterre en Russie date de *Pierre I.*, qui avoit conçu dans ses voyages une haute idée de la supériorité de la marine anglaise et de ses constructions. Ses successeurs, par habitude, se sont persuadés que les Anglais étoient les plus fermes soutiens du commerce russe. Cette prévention est devenue en quelque sorte populaire, et les Anglais ont conservé leur prépondérance.

Leur crédit, déjà appuyé par la fausse politique qui a prévalu, est encore fortifié par les préjugés du commerce, par l'activité de leurs intrigues, et par les sacrifices d'argent qu'ils font à propos dans toutes les circonstances. C'est le seul peuple de l'Europe qui ait un traité particulier de commerce avec la Russie (1). Ce traité fut signé, pour la première fois, sous le règne d'*Elizabeth*, et il est renouvelé régulièrement à chaque expiration de terme.

Les Anglais sont les seuls qui soient autorisés à payer les droits d'entrée et de sortie en monnoie courante du pays, ce qui leur assure déjà un bénéfice de 12 pour 100 avant toute négociation. Ils ont en Russie plus de quinze ou vingt maisons soutenues par le gouvernement, et qui accaparent la plus grande partie du commerce. Ils jouent continuellement à la baisse pour le cours du change et pour le prix des denrées d'exportation. Quant au change, ils en sont les régulateurs absolus, au détriment des autres nations commerçantes. Aussi s'enrichissent-ils prodigieusement, tandis que les autres négocians se ruinent.

Ils sont tellement les maîtres du commerce de Russie, que l'Angleterre ne reçoit presque pas un seul vaisseau russe, et qu'elle en envoie annuellement plus de cinq cents dans les ports de Russie.

L'aveuglement des Russes va si loin à leur

(1) Il sera question, dans la seconde partie de ce Mémoire, de celui qu'elle a conclu avec la France en 1787.

égard, et ils savent l'entretenir avec tant d'adresse, qu'ils ont trouvé le moyen de les priver d'une partie des avantages qui leur sont assurés par le traité. L'égalité de traitement y est stipulée pour les sujets des deux puissances, et cependant les sujets russes, pour pouvoir participer à ces priviléges réciproques, sont obligés de se faire naturaliser en Angleterre. On cherche encore souvent à rendre cette naturalisation illusoire, tantôt sous le prétexte de la religion, tantôt sous d'autres prétextes politiques.

Mais si l'on peut s'étonner avec raison de ce que le gouvernement russe, aveugle sur ses véritables intérêts et sur la situation réelle de son commerce, continue de favoriser ceux qui le dépouillent, et semble s'occuper en même temps de l'agrandissement de son commerce, on ne doit pas être surpris de voir les Anglais garder le silence sur tous les moyens qu'on emploie pour cet agrandissement, avoir des ménagemens dont ils ne sont pas prodigues, n'apporter aucun obstacle à tout ce que les Russes veulent entreprendre, les soutenir même indirectement. Ils savent bien que cette conduite est entièrement conforme à leurs intérêts, et qu'ils profiteront de tous les progrès du commerce de la Russie.

Il a été facile de faire cette observation, relativement à tout ce que la Russie a tenté pour s'assurer le commerce de la mer Noire, qui est sans doute le plus important qu'elle puisse acquérir, et sous les rapports politiques et sous les rapports commerciaux.

Cette considération m'a déterminé à donner quelques développemens historiques sur le commerce de la mer Noire et sur les plans que peut avoir la Russie, à laquelle la possession de Constantinople donneroit l'entrepôt de toutes les richesses du monde, si d'ailleurs elle étoit dans une position politique plus favorable aux progrès du commerce. On verra, dans cet Essai, que la Rusie a eu constamment ce grand but, et que, si elle y parvenoit dans son état actuel, cette conquête importante tourneroit à l'avantage de l'Angleterre.

J'ai pensé qu'il seroit également utile au commerce de l'Empire français de connoître particulièrement ses relations actuelles avec la Russie, et celles qu'il pourroit avoir et qu'il aura nécessairement, lorsque le gouvernement russe sera persuadé que les Français et les Russes sont les deux nations de l'Europe qui ont le plus besoin l'une de l'autre, et qui ont le plus d'objets d'échange.

PREMIÈRE PARTIE.

Essai historique sur le commerce de la mer Noire et sur les vues commerciales des russes.

Les victoires remportées en Grèce et dans l'Asie-Mineure, la conquête du royaume de Pont, ouvrirent aux Romains une mer dans laquelle ils n'avoient jamais pénétré.

Presque toutes les côtes de la mer Noire leur furent soumises à cette époque; les princes et les villes de la Tauride devinrent leurs alliés ou leurs vassaux. Le commerce devoit donc tomber entre les mains de ce peuple vainqueur.

Mais le Romain d'alors ne se livroit pas plus au commerce qu'à la culture des arts, qui faisoient la gloire de la Grèce; c'étoit un soldat. Le commerce fut donc abandonné aux Grecs qui étoient dans le voisinage, et aux habitans de l'Asie-Mineure.

Cependant des monnoies trouvées sur les bords du Dnieper, près de Kiow, en assez grande quantité pour qu'elles soient encore reçues dans quelques marchés pour trente ou quarante copecs (1), nous permettent de

(1) Voyage de *Guldenstadt*, tome II.

conjecturer que, dans le premier siècle de notre ère, le commerce romain s'étendoit sur toute la mer Noire, et peut-être jusqu'au Dnieper supérieur. Ce qu'il seroit encore plus vraisemblable de conjecturer, c'est que les habitans de ces contrées commerçoient avec les Grecs et les Romains en Tauride.

Après la ruine des anciens états de la Grèce et des villes commerçantes leurs alliées, Byzance, qu'on a depuis appelée Constantinople, se plaça au premier rang des villes qui étoient le siége d'un grand commerce. Son heureuse situation réunissoit pour elle le commerce de la mer Noire et celui de l'intérieur des terres. Des esclaves, des cuirs, du miel et des poissons salés, arrivoient aux Byzantins des côtes septentrionales de la mer Noire, et ils envoyoient en échange d'autres produits, parmi lesquels l'huile et le vin étoient les articles les plus précieux.

Vers le milieu du 5e. siècle, les pelleteries des environs de la mer Noire étoient apportées au marché de Rome, où elles étoient très-recherchées.

Mais après l'établissement de l'empire Grec ou Byzantin, cette mer attira particulièrement l'attention, soit pour les produits importans qu'elle fournissoit, soit pour les secours en hommes qu'on tiroit du pays. Les Romains y perdirent leur domination, dès que l'empire grec s'affoiblit.

Ce n'est point ici le lieu d'indiquer les ré-volutions successives que ce pays éprouva pendant si long-temps ; je n'ai d'autre but que de tracer brièvement ce qui a rapport au commerce.

Dans le 7e. siècle, les Chazares qui étoient une branche de la race turque, s'emparèrent de la plus grande partie de la presqu'île de la Tauride. Le commerce en souffrit, mais il ne fut point anéanti, et il s'étendit même au nord avec les peuples qui, un siècle après, furent connus sous le nom de Russes.

Ce nouvel état des Russes chercha de bonne heure à se fortifier par le commerce, et à se lier d'intérêt avec ses voisins du midi. Ce commencement fut très-peu remarquable, et les entreprises commerciales qui se firent par le Dnieper, en méritoient à peine le nom ; mais ce premier pas devoit diriger la conduite des Russes qui succédèrent. La na-vigation sur le Dnieper avoit lieu sur des canots creusés dans un tronc d'arbre, et n'annonçoit encore que la hardiesse de ceux qui osoient l'entreprendre.

Dans le 10°. siècle, il existoit déjà un commerce entre le grand Nowogrod et Constantinople. Les commerçans de Nowogrod chargeoient des canots à Smolensko, et descendoient le Dnieper. On transportoit de la même manière, comme articles de commerce, des bois de Lithuanie, qu'on embarquoit sur la Priepiecz, et que l'on conduisoit ainsi au Dnieper.

Les pelleteries et les esclaves étoient les principaux produits que les Russes conduisoient ainsi dans les villes de la Tauride. Ils étoient très-bien venus des Grecs, qui faisoient grand cas des pelleteries qu'ils apportoient

Cependant la plus grande partie de ces marchandises, ainsi que des esclaves, étoit destinée pour Constantinople. Les Russes recevoient, en retour, de l'huile, des vins et des marchandises de l'Inde, c'est-à-dire, des habits de soie rouge, des étoffes, des ceintures précieuses, du poivre et des maroquins rouges. Ce commerce auroit nécessairement fait de grands progrès, si les Russes n'avoient pas eu deux ennemis à combattre.

Ils trouvoient le premier dans les cataractes du Dnieper. C'est ce qui les forçoit à employer de si petits bâtimens ; encore, lorsqu'ils arrivoient aux grandes cataractes, étoient-ils obligés de conduire à terre leurs nacelles, de les traîner ainsi pendant cinq ou six cents pas, de surveiller leurs esclaves qui pouvoient leur échapper pendant ce trajet, et souvent de se défendre contre les peuplades qui habitoient le bord occidental du Dnieper, près des cataractes. C'étoient les Saporogi de ce temps-là. Pour éviter leurs attaques, les Russes étoient forcés de choisir, pour descendre, le bord oriental du fleuve.

Lorsque les Russes étoient en paix avec ces peuples, ils leur achetoient des bêtes à cornes, des chevaux et des bêtes à laine. Déjà, à cette époque, l'éducation des bestiaux étoit une branche importante de l'industrie de ces contrées (1).

_____

(1) Ces détails, ainsi que quelques-uns des suivans, sont extraits d'un ouvrage curieux de *Constantin VII*, surnommé *Porphyrogénète*, ce prince ami des sciences et des savans, auquel on doit tant d'ouvrages qui auroient fait honneur à un particulier. Celui dont il est ici question est intitulé : *De administrando imperio*. Il a été réimprimé à Leyde, en 1617.

On prétend même que, dans ces temps anciens, les Russes pénétrèrent en Egypte et en Syrie; *Lomonossow* l'assure : mais il est permis d'en douter, quand on considère l'imperfection et la petitesse de leurs embarcations.

Ce qui est beaucoup plus vrai, c'est qu'alors les Russes se rendirent déjà redoutables à l'empire grec. En 936 environ , la mer Noire fut couverte d'une flotte russe de mille vaisseaux, qui portoit dix mille hommes. Leur chef, ou grand-prince *Igor* en employa une partie pour jeter l'épouvante à Constantinople, et une autre troubla le repos des côtes méridionales de cette mer, dans l'Asie-Mineure. L'empereur grec *Romain Lécapène* ne put échapper au malheur dont il étoit menacé, qu'en cherchant à ravager la flotte russe par le feu grégeois. C'est du moins ce qu'affirme *Luitprand* dans son *Histoire* , Liv. V, chap. 6. (1) Au reste, en comparant

(1) *Luitprand*, évêque de Crémone, fit deux voyages à Constantinople, en qualité d'ambassadeur : l'un en 948, au nom de *Bérenger II*, roi d'Italie; l'autre en 968, au nom de l'Empereur *Othon*. Il fit une relation, en six livres, de ce qui s'étoit passé en Europe de son temps. Ses récits ne paroissent pas toujours très-fidèles, parce qu'il étoit excessivement passionné.

le nombre des bâtimens russes qui se trouvoient à cette expédition à celui des hommes
qu'ils portoient, il est facile de se faire une
idée de leur grandeur et de leur construction.

Malgré les difficultés qui arrêtoient la navigation des Russes sur le Dniéper, leur
commerce s'agrandit. En 945, ils conclurent
avec les Byzantins un traité de commerce et
de paix, dans lequel ils obtinrent des Grecs
les plus grands avantages. Kiow se montre
dejà, dans le 9ᵉ. siècle, comme une ville de
commerce importante, où les marchands
de différens pays se rassemblent. C'étoit alors
par sa grandeur, sa magnificence et ses richesses, la principale ville de la Russie. Les
grands-princes y résidoient. C'étoit le centre
du commerce entre la mer Baltique et la
mer Noire. Elle avoit huit grandes foires
annuelles.

Les Russes étendirent également leur commerce et leur puissance sur les bords du Bas-
Tanaïs ou Cuban, et sur la mer d'Azow.
Vers la fin du dixième siècle, ils étoient les
maîtres de ces contrées.

Mcislas Wladimirowitsch résidoit au
commencement du onzième siècle, à Tmu-

tarakan, qui est le Taman d'aujourd'hui, et l'ancien Phanagoria.

A peu près dans le même temps, les Comans, autre branche de la race Turque, s'emparèrent de la Crimée, et en chassèrent la majeure partie des Grecs. Les villes maritimes se donnèrent aux Génois, sous la condition d'une redevance fixe. Le principal commerce de la mer Noire, qui avoit appartenu jusqu'alors à Constantinople, et qui avoit été entre les mains des Grecs, fut perdu pour eux. Les deux républiques de Gènes et de Venise furent seules en possession de ce commerce.

Il étoit d'autant plus important pour elles, que les troubles occasionés par les Croisades en Syrie, en Palestine et en Egypte, faisoient abandonner la route ordinaire des marchandises des Indes. Déjà beaucoup plutôt les Califes d'Egypte et de Syrie avoient souvent fermé cette route. Il devenoit indispensable de donner une autre direction à ce commerce.

On en dirigea la plus grande partie sur la mer Caspienne, et de là sur la mer Noire, ce qui nécessita l'établissement d'entrepôts et de comptoirs. Le temps et les circonstances les favorisèrent, particulièrement sur la mer Noire.

Kaffa, l'ancienne Théodosie, fut le principal entrepôt des Génois, et Azow ou Tana fut choisi par les Vénitiens.

Ces deux républiques rivales cherchèrent bientôt à s'emparer exclusivement de ce commerce. Au commencement du treizième siècle, les Vénitiens, à l'aide des croisés français, se rendirent maîtres de Constantinople, pillèrent la ville, et cette belle proie fut le noyau des richesses immenses qu'ils acquirent par la suite. Cette possession leur donna de grandes facilités pour devenir les seuls maîtres de la mer Noire ; mais les Génois étoient trop intéressés à ce commerce, pour souffrir une pareille usurpation. Ils aidèrent les Byzantins à reprendre Constantinople, en 1206. La reconnoissance des Grecs leur accorda de grands priviléges. On chercha aussi à exclure entièrement les Vénitiens de la mer Noire, mais on n'y réussit qu'imparfaitement.

Ce commerce resta dans cet état jusqu'à l'irruption des Mongols en Russie.] Les provinces méridionales et la Crimée se ressentirent les premières de la fureur destructive

de ces hordes Asiatiques. Les provinces du
centre ne furent pas épargnées. En 1240,
le kan mongol *Batu* s'empara de Kiow. Le
commerce du Dnieper et de la mer Noire en
souffrit, mais il ne fut pas entièrement in-
terrompu. Les conquérans eux-mêmes appri-
rent à mieux connoître l'Asie orientale et
méridionale, et ses produits.

Ces hordes répandirent la terreur dans
toute l'Europe. En vain les papes engagèrent-
ils les princes chrétiens à s'opposer à leurs
ravages ; en vain envoya-t-on des ambassadeurs au kan des Mongols ; ces barbares ne
connoissoient d'autre droit des gens que celui du plus fort.

C'est cependant à ces ambassades et aux
voyages qu'elles occasionnèrent, que nous
devons la connoissance de l'état où se trouvoient alors la Crimée et les provinces méridionales de la Russie , ainsi que celle
des contrées centrale et septentrionale de
l'Asie (1).

(1) Voyez les relations de *Jean de Plano-Carpini* ; —
de *Guillaume de Rubruquis* ; — du moine *Haito*,
d'Arménie ; — de *Marco-Polo*, de Venise ; — d'*Oderich
de Portenau* ; — de *Mandeville* ; — de *François Bal-
ducci-Pegoletti* ; — de *Jean Schiltberger*, — et de

Malgré l'oppression que les Mongols firent éprouver, il faut convenir qu'ils ne cherchèrent point à étouffer le commerce et l'industrie; on peut même dire qu'ils les encouragèrent. Ils firent exploiter des mines par des

Jos. Barbaro. On trouve des extraits de ces relations dans les différentes collections de voyages, dans l'*Histoire des découvertes et de la navigation du Nord,* par *Forster,* dans le recueil intitulé : *Voyages faits principalement en Asie.* Lahaye 1735 , 2 vol in-4°.

Il n'est aucune de ces relations qui ne renferme quelques détails curieux; celles de *Rubruquis, Marco-Polo* et *Mandeville* présentent surtout beaucoup d'intérêt.

Guillaume de Rubruquis, cordelier du treizième siècle, fut envoyé en Tartarie en 1253, par *St. Louis.* Il donna une relation de son voyage en latin, qui a été traduite en français, par *Pierre Bergeron.*

Marco-Polo, vénitien, étoit fils de *Nicolas-Polo,* qui alla, en 1255, à Constantinople, traversa la mer Noire, alla en Arménie, d'où il passa par terre à Burka, puis à travers les déserts, auprès du kan des Tartares, qui le nomma son ambassadeur près du pape. Il s'acquitta de sa mission et revint avec son fils, *Marco-Polo,* pour lequel le kan conçut une affection singulière. Ils parcoururent ensuite la Tartarie, la Chine et beaucoup d'autres contrées, et ils revinrent dans leur patrie en 1295.

Jean de Mandeville, médecin anglais du quatorzième siècle, voyagea en Asie et en Afrique. Il mourut à Liége, en 1372.

mineurs allemands qu'ils avoient probablement amenés, et *Rubruquis* nous apprend
que des ouvriers de la même nation leur for-
geoient des armes.

Au milieu de ces conquêtes de la Russie
méridionale, les Génois restèrent en possession du commerce de la Crimée, et les Vénitiens de celui d'Azow. Les Mongols se con-
tentèrent d'exiger d'eux des redevances pour
la permission de commercer.

Mais le commerce d'Azow dépendoit de
l'existence d'Astracan. Lorsque cette ville
fut détruite par *Tamerlan*, en 1395, les
Vénitiens perdirent le débouché le plus précieux pour les marchandises des Indes, qu'ils
faisoient venir par Astracan jusqu'à Azow.
C'étoit un coup mortel pour leur commerce.
On peut en juger par le rapport de *Jos. Barbaro*, qui assure que les Vénitiens tiroient
annuellement d'Azow des épiceries et des
étoffes de soie qui leur étoient apportées sur
six ou sept grands vaisseaux.

Le commerce dans l'Inde, par la mer Caspienne et Astracan, se trouvant anéanti,
les Vénitiens et les Génois cherchèrent à le
rétablir par Trébisonde. Enfin, après différentes révolutions, les Turcs s'emparèrent

de la Crimée en 1475. Les Génois perdirent, par cet événement, Kaffa et leurs autres villes maritimes.

La prise de Constantinople ferma encore plus hermétiquement la mer Noire aux nations commerçantes du sud de l'Europe, et il y eut réellement une séparation politique entre cette mer et la Méditerranée. La Russie dut éprouver les suites de cet isolement. À dater de cette époque, la mer Noire fut effacée, pendant deux siècles, des annales du commerce, et les Géographes n'en parlèrent, ainsi que de la Russie méridionale, qu'en termes aussi vagues que s'il se fût agi de contrées peu connues.

« Le conquérant, dit le philosophe *Her-* » *der* (1), conquiert pour lui; la nation com- » merçante sert à elle-même et aux autres » peuples. Elle propage les richesses, l'in- » dustrie, les sciences.... Aucun conquérant » n'est plus funeste à l'humanité et ne s'op- » pose davantage à la marche de la nature, » que celui qui renverse les villes de com- » merce florissantes ».

(1) *Idées pour la philosophie de l'histoire de l'humanité* (en allemand), tome III, page 127 de la huitième édition.

Telle a été la conduite des Ottomans, non-seulement en Crimée, mais encore dans tous les pays dont ils se sont emparés. Ils n'ont jamais pensé à rétablir le commerce qu'ils avoient détruit; ils sont encore, à cet égard, les mêmes barbares qu'ils étoient, lorsqu'ils isolèrent la mer Noire.

« Leur empire, dit *Herder* (1), est une » grande prison pour tous les européens qui » y vivent; il tombera quand son temps sera » venu. En effet, qu'ont à faire en Europe » des étrangers qui veulent encore être » des barbares asiatiques, après tant de » siècles? »

La Russie et la Crimée ne souffrirent pas seules de la conquête des Turcs; elle occasiona des pertes énormes à la Pologne. L'Etat de Lithuanie, dans sa prospérité, s'étoit étendu jusqu'aux côtes de la mer Noire. Jusqu'en 1500, Bielgorod, qu'on appela ensuite Akierman, sur les bords du Dniester, appartint à la Lithuanie. Cette possession, par le moyen de ce fleuve, réunissoit le commerce des provinces lithuaniennes à celui de la mer Noire ; mais cet avantage disparut quand cette mer fut soumise aux Turcs. Des

(1) Tome IV, page 48.

contrées, avant cultivées, industrieuses et
riches, tombèrent peu à peu dans l'apathie
et la pauvreté. La magnifique Podolie devint un désert, et les belles prairies entre le
Dnieper et le Dniester, des friches stériles.
La plaine immense qui est entre le Dnieper
et le Don, éprouva à peu près le même sort.
Des nomades, demi-sauvages, qui, déjà depuis des siècles, erroient dans ces contrées,
ne purent, grace à la politique des Turcs,
participer au bienfait de la civilisation du
reste de l'Europe.

Pierre-le-Grand à son avènement au
trône, trouva la Russie presque séparée de
l'Europe, sous le rapport du commerce. Ar-
changel étoit le seul lieu où elle commerçât
immédiatement par mer avec les autres nations. Mais comme cette ville étoit située à
l'extrémité du nord de l'Empire, les seules provinces septentrionales pouvoient prendre
part à ce commerce. Celui que toutes les autres faisoient avec quelques pays voisins,
étoit insignifiant.

La Baltique et la mer Noire étoient fer-
mées aux pays occidentaux et méridionaux
de la Russie. *Pierre I.er* pensa aux moyens
de les rendre utiles aux productions de son

Empire, d'avoir des flottes pour les y transporter, et il fonda Pétersbourg.

La prise d'Azow, en 1696 , lui ouvrit le chemin de la mer d'Azow. Cette navigation, il est vrai, n'étoit pas encore fort étendue ; cependant elle fut bientôt assez importante, pour que les bâtimens de guerre, construits sur le Woronesch et le Don, pussent mettre à la mer et se défendre. Le tzar *Pierre* étoit vis-à-vis des Turcs, à peu près dans la même position que les Romains vis-à-vis des Carthaginois, quand ils voulurent se créer une marine militaire. Il est inconvenant, sans doute, de mettre les Turcs en parallèle avec les Carthaginois ; mais on ne peut se dissimuler qu'ils avoient alors sur les Russes le grand avantage d'être exercés aux combats de mer depuis plusieurs siècles. D'ailleurs, quelle que fût l'issue des entreprises du tzar, c'étoit beaucoup pour lui d'attirer l'attention de ses sujets sur l'importance de la navigation.

La conquête d'Azow fixa particulièrement la sienne. Il y fit de fréquens voyages ; et il ne négligea rien pour y perfectionner tout ce qui tenoit à l'art nautique. En 1699, il accompagna son ambassadeur extraordinaire *Ukrainzow* qui alloit à Constantinople, depuis Azow jusqu'à Kertsch, d'où il devoit aller par mer jusqu'à sa destination. A Kertsch, il trouva le capitan-pacha *Hassan*, avec quatre vaisseaux et neuf galères. Celui-ci s'opposa au voyage de l'ambassadeur par mer, et il le requit de s'acheminer par terre ; mais *Pierre I.ᵉʳ* força le capitan-pacha à se désister de cette prétention. On voit que, dès-lors, les Turcs ne se soucioient point de faire connoître aux Russes une mer sur laquelle ils pouvoient avoir à les redouter par la suite.

Ils regardèrent, comme des infractions aux anciens traités, les entreprises du tzar, qui devoient être si préjudiciables à la Porte, par les fortifications d'Azow, et l'agrandissement de la marine russe. Les chantiers de Woronesch étoient dans la plus grande activité, et en 1705, on y lança un vaisseau de quatre-vingts canons, en présence de *Pierre*. En 1709, il en vit lancer trois autres, l'un de quatre-vingts, l'autre de soixante-dix, et le troisième de cinquante canons.

Mais la funeste paix qui suivit la campagne du Pruth, en 1711, anéantit en partie ce commencement de navigation, par la perte d'Azow.

Depuis cette époque, on voit *Pierre-le-*

Grand plus attentif à la Baltique qu'à la mer Noire. Son plan pour la navigation de cette dernière, fut entièrement renversé, de son vivant, par ses traités avec la Porte.

Azow fut repris, à la vérité, en 1733, sous le règne de l'impératrice *Anne*, et la navigation rétablie; mais la paix de Belgrade, en 1739, assura aux Turcs la navigation exclusive sur la mer Noire et la mer d'Azow. Les fortifications d'Azow furent détruites, et, en même-temps, tous les établissemens qui y avoient été formés par *Pierre*, ou d'après ses plans.

Mais la perte d'Azow n'empêcha pas les souverains qui succédèrent, de chercher à rétablir le commerce et la navigation de Temernikow à la mer Noire : l'impératrice *Elizabeth* surtout, contribua beaucoup à cette entreprise. En 1753, Temernikow, situé à l'embouchure du Temernik dans le Don, fut désigné comme centre de ce nouveau commerce. Par un ukase de cette année, on encouragea les Russes à prendre cette voie pour commercer sur la mer Noire, et particulièrement à Constantinople.

Ce ne fut qu'en 1756, qu'un marchand et fabricant de soie, sous la raison de *Basile*

Markarows fils, Chastatoff et compagnie, de Moscou, demanda au sénat dirigeant, un privilége exclusif pour le commerce de Constantinople et de la Méditerranée. Il l'obtint, et cette compagnie prit alors la dénomination de compagnie Russe du commerce de Constantinople. On lui attribua de fort grands priviléges; mais elle n'eut pas tout le succès qu'on en espéroit, parce que les Turcs jaloux et défians mirent des bornes à ses opérations.

La seule liaison de commerce entre les Russes, la mer Noire et les Turcs, étoit dans la ville Cosaque de Tscherkask sur le Don. Il s'y rassembloit des Arméniens, des Grecs, des Juifs, des Turcs, des Russes et des Cosaques qui échangeoient et vendoient réciproquement leurs marchandises et leurs produits. La douane russe étoit dans la forteresse de S. Démétrius, près de Tscherkask, et elle produisoit annuellement cinquante mille roubles.

Des vins grecs, des fruits de toutes les espèces, de la toile crue, du coton en laine et travaillé, étoient les principaux articles d'importation; les Russes exportoient, en échange, du cuir cru et préparé, du fer brut et travaillé, du caviar, de la toile grossière, de la toile à voiles, etc.

Cependant, le commerce immédiat de la Méditerranée, par la Russie méridionale et la mer Noire, ne pouvant faire de grands progrès, il s'établit une compagnie en 1763, pour faire ce commerce directement de Pétersbourg. *Catherine II* encouragea ce projet, en accordant à la compagnie des priviléges considérables, et en prenant elle-même vingt de ses actions.

Il étoit difficile qu'elle eût de grands succès, attendu qu'elle devoit trouver, sur sa route, beaucoup de concurrens. D'ailleurs, les provinces russes du sud étoient, en quelque sorte, exclues, par leur position, des avantages qu'on se promettoit de cette association.

La possession d'Azow, en 1769, ranima leurs espérances, et la paix de Kainardgi, qui leva, en 1774, tous les obstacles qu'elles pouvoient redouter, acheva de combler leurs vœux.

Par l'article 2 de ce traité, il est stipulé qu' « Il y aura une navigation libre et illimi-
» tée pour les vaisseaux marchands appar-
» tenant aux deux puissances contractantes,

» dans toutes les mers qui baignent leurs
» terres; que les vaisseaux marchands russes,
» tels que ceux qu'emploient partout pour le
» commerce les autres puissances, auront un
» libre passage de la mer Noire dans la mer
» Blanche, et de la mer Blanche dans la mer
» Noire; qu'il leur sera permis d'entrer dans
» tous les ports et hâvres de la Porte, etc. »

Ce traité devint encore plus important
pour le commerce russe, par les articles
18 et 19. Le premier porte que « Le château
» de Kinburn, situé à l'embouchure du Dnie-
» per, avec un district proportionné le long
» de la rive gauche du Dnieper, et le coin
» qui forme le désert entre le Bog et le Dnie-
» per, demeurera perpétuellement sous la
» domination de la Russie ». Il est stipulé,
dans le second, qu'« Elle conservera de même
» les forteresses d'Ienikalé et Kertsch, dans
» la Crimée, avec leurs ports et districts ».

Aussi *Catherine II* fit-elle bâtir la ville
de Cherson, en 1778, pour servir de magasin aux produits russes, principalement de
l'Ukraine. Il est probable que si on avoit
prévu alors la possession prochaine de la Crimée, cette ville n'existeroit pas.

Afin de favoriser davantage et de soutenir

le commerce de la mer Noire , on avoit
adopté, en 1775, un tarif en vertu duquel les
marchandises payoient un quart de moins.
dans ses ports, que dans les ports du Nord.
Cette faveur fut confirmée par le nouveau
tarif de 1782, et je crois qu'elle subsiste encore.

En 1776, on publia le relevé des bénéfices
qu'avoit produits jusqu'alors le commerce
de Constantinople. On n'avoit gagné, sur certains articles , que dix pour cent; mais , sur
d'autres le bénéfice s'élevoit beaucoup plus
haut, et alloit jusqu'à cinquante pour cent.
Il s'est soutenu, et il a même éprouvé des
augmentations sur quelques parties.

Une assez grande émulation en fut le résultat. Le 25 octobre 1779 , un bâtiment,
construit à Caganrok, sous la dénomination
du *prince Constantin*, et chargé de marchandises et produits russes, traversa le canal de Constantinople et celui des Darda-
nelles, et cingla vers Smyrne.

Quelques autres partirent de Cherson en
1780, et se rendirent, par la même route,
dans l'Archipel et à Toulon.

L'article 3 du traité de Kainardgi, porte
que la Crimée est reconnue indépendante

par la Porte ; rien alors ne pouvoit être plus utile au commerce russe. Aussi les Turcs employèrent - ils bientôt de nouveaux moyens pour réussir à l'entraver et arrêter ses progrès. De-là, les troubles qui eurent lieu en Crimée; de-là, la guerre civile qui pouvoit avoir les suites les plus funestes pour le commerce.

C'est ce qui détermina *Catherine II* à changer la constitution de la Crimée, en 1783, à réunir ce pays avec l'île de Taman et le Cuban, aux provinces de son Empire, et à les dégager ainsi des liens qui les retenoient depuis si long-temps.

La Porte étoit trop-foible pour s'y opposer; elle se vit même forcée d'ajouter, le 10 juin 1783, aux traités déjà existans, un traité de commerce entièrement favorable à la Russie. Le premier article suffit pour en donner une idée. Il y est stipulé que la sublime Porte accorde à tous les sujets russes en général, la faculté entière de naviguer et d'exercer leur commerce, tant par terre que par mer, sur les eaux et sur le fleuve du Danube, où ils le jugeront utile ; qu'elle prend sous sa protection spéciale, tous les négocians de Russie ; qu'elle leur permet d'habiter, quand bon leur semblera, et de rester aussi long-temps que leurs intérêts l'exigeront, dans tous les pays de sa domination. Ce traité important que je n'ai trouvé dans aucun des recueils français que j'ai été à portée de consulter, est textuellement dans le *Journal* (Allemand) *de Pétersbourg* de 1783, tom. III, pag. 158—208.

Il porte aussi (art. 17), que la nation russe sera désormais traitée comme les nations les plus favorisées, les Français et les Anglais.

On fit, en même temps, tous les établissemens et tous les changemens qui pouvoient élever le pays nouvellement acquis au plus haut degré de culture et de prospérité. La Crimée fut désignée sous le nom de province Taurique, et on y comprit, avec l'île de Taman, les districts situés entre Pérécop et les frontières du gouvernement d'Ekaterinoslaw.

La Tauride prit rang parmi les autres Gouvernemens, et elle fut soumise à la même administration, sans rien changer, pour cela, aux priviléges et à la religion des naturels du pays. La noblesse tatare obtint les droits de la noblesse Russe, par une ordonnance impériale du 22 février 1784.

Le commerce étoit le principal objet de
toutes ces institutions. Dans un manifeste impérial de la même date, concernant les priviléges accordés aux habitans de ces contrées, il est dit qu'en considération de l'utilité de la ville de Cherson, et des autres places maritimes de la Tauride, telles que Sé-
bastopol et Kaffa, il est ordonné que leurs
ports soient ouverts à toutes les nations étrangères en paix avec la Russie, pour y exercer
librement le commerce avec les sujets russes.
On ajoute qu'il est solennellement déclaré
que toutes ces nations peuvent, sans aucune
difficulté, aborder dans ces ports avec leurs
vaisseaux ou les vaisseaux loués pour cette
destination, y prendre de nouveaux chargemens, et en partir avec pleine liberté et
sûreté, comme aussi leurs équipages et négocians, choisir la terre-ferme pour y voyager ou pour leur retour, ainsi que bon leur
semblera, à la seule condition de payer les
taxes portées au tarif pour les marchandises
qui arrivent ou qui s'exportent. Le texte de
ce manifeste est dans le Journal que j'ai cité
plus haut, année 1784, pag. 265.

On assura, en même-temps, l'exercice libre
de leur religion, à toutes les nations commer-

çantes en Tauride, où qui y formoient des établissemens.

On accorda différens priviléges aux provinces qui appartenoient ci-devant à la Pologne, et qui étoient situées sur le Bog et le Dnieper, ou le plus rappro hées de la mer Noire, afin de les engager à diriger leur commerce de ce côté là. Cherson fut désigné pour le centre de ce commerce.

La Russie se trouvoit alors, sous *Catherine II*, parvenue au point où le génie de *Pierre I.ᵉʳ* n'avoit pu l'élever. La mer Noire étoit devenue, en partie, la mer des Russes, et la Porte se voyoit obligée d'en partager avec eux la domination.

Elle chercha encore à renverser cet ordre de choses. Sa perte fut plus grande dans la guerre de 1788 à 1791. Elle perdit Oczakow, ce poste important sur la côte septentrionale de la mer Noire, qui fut cédé aux Russes par la paix d'Iassi, avec les districts environnans jusqu'au Dnieper.

Ce dernier traité assure la domination des Russes sur toutes la côte-nord de la mer Noire, du Dniester jusqu'au Cuban (1).

(1) La Russie possède près de la moitié des côtes de la mer Noire. Les côtes qui lui appartiennent ont, sur

Jusqu'alors la politique de la Porte avoit été de fermer la mer Noire au commerce,

celles du sud, l'avantage d'avoir l'embouchure d'un plus grand nombre de fleuves et de fleuves plus considérables. Le Danube seul, qui se trouve sur la côte de l'ouest, pourroit l'emporter sur les fleuves russes, si les Turcs savoient en faire usage.

Les côtes du sud et de l'est et de la mer Noire sont très-élevées, celles du nord et de l'ouest sont plates.

Mais la navigation active des fleuves qui en sont susceptibles, est le premier pas à faire pour profiter de cette heureuse situation sur la mer Noire. Je vais les passer en revue :

1°. Le Dniester sert de fontière à la Bessarabie et à la Moldavie. L'acquisition des provinces polonaises actuellement incorporées à la Russie rend ce fleuve très-important pour elle. Il n'est pas douteux, malgré l'assertion contraire et qu'on répète trop souvent, que ce fleuve ne puisse devenir entièrement navigable. Il est de fait qu'autrefois, lorsqu'Akierman ou Bielgorod appartenoit aux Lithuaniens, ils naviguoient sur le Dniester, et transportoient des grains, par cette voie, jusqu'à cette destination. Le cours de ce fleuve est rapide, et il est plus aisé à descendre qu'à remonter; mais quand on détruira le petit nombre d'obstacles que présente son cours, on aura rendu un grand service aux contrées qu'il arrose. L'endroit le plus dangereux se trouve à Jampol, où le fleuve est coupé de travers par un rocher de granit. Cependant l'action constante de l'eau lui a tracé une route que l'on peut suivre sans danger, à l'aide d'un habile

quoiqu'elle en fît elle-même peu d'usage :
mais la possibilité d'en accorder la naviga-

pilote, lorsque l'eau n'est pas trop haute. Le moindre
effort du gouvernement pour détruire cet obstacle seroit
couronné du succès, et attireroit dans les ports de la
mer Noire des bois qui croissent en quantité dans les
environs du Haut-Dniester, des blés ou d'autres produits
également précieux.

2. Le Bog, qu'il ne faut pas confondre avec le Bug
qui se jette dans la Vistule, peut aussi conduire à la mer
Noire des produits des provinces de Pologne qui appartiennent à la Russie. Depuis Korniecpol, il est facile de
le rendre navigable, en détruisant çà et là quelques rochers qui embarrassent son lit. On y navigue même sans
danger dans le printems, lorsque les eaux sont élevées.
Au confluent de la Sinucha, il a huit pieds de profondeur
et deux cents pas de largeur.

3. Le Dnieper traverse des provinces russes fertiles et
importantes ; mais ce fleuve a des cataractes qui l'obs-
truent ; sans cela, ce seroit le fleuve le plus important
de la Russie pour la navigation de la mer Noire. Il ne seroit peut-être pas si difficile qu'on le croit de faire disparoître ces obstacles. Depuis la construction de Cherson,
on paroissoit vouloir s'en occuper. M. *Faleew* de Cherson avoit déjà fait quelques tentatives heureuses ; on
prétend que c'étoit aux frais du prince *Potemkin*. Il
n'est donc pas surprenant que cette entreprise ait cessé
après la mort de ce ministre. M. *Faleew* étoit parvenu à
rendre la navigation plus sûre dans quelques endroits, et
il avoit réuni à ce travail la construction d'un canal latéral

tion, étoit, pour elle, un sûr moyen d'attirer des vivres à Constantinople, en cas de

qui eût été encore bien plus utile et plus sûre pour les
bateaux. Il seroit à désirer que le gouvernement russe
achevât cet ouvrage. Dans l'état actuel, le fleuve n'est
navigable sans danger que depuis la mi-mars jusqu'à la
moitié de mai. Tout le reste du temps, on est obligé de
débarquer les marchandises avant d'arriver aux cataractes, et de les transporter par terre pendant l'espace
de quinze ou vingt lieues. Au nord de Kiow, les rives du
Dnieper sont remplies de bois. Non-seulement les provinces qui touchent à ce fleuve, mais encore celles qui en
sont éloignées à l'est et à l'ouest, pourroient, si l'obstacle
des cataractes disparoissoit, avoir un débouché de leurs
produits, par le moyen des rivières qui les arrosent ; savoir : la Desna, la Seima, la Worskla et la Samaia, pour
la Russie ; et la Przypiec, pour la Pologne. Elles se
jettent toutes dans le Dnieper.

4. Le Don ne peut pas porter de grandes embarcations; mais sa navigation est très-sûre pour les bâtimens
que l'on construit d'une manière convenable, et qui sont
excellens pour le transport des marchandises. Ce fleuve
tranquille coule toujours à travers des plaines ; ses bords
s'élèvent de temps en temps, mais sans qu'il en résulte
aucun inconvénient pour la navigation. Entre Tscherkask
et Azow, il se partage en trois branches, qui forment
deux grandes îles. La branche à gauche conserve le nom
de Don, et elle est toujours navigable. Il seroit à souhaiter, pour le commerce, que l'on exécutât le plan de
de *Pierre-le-Grand*, en réunissant le Don au Wolga.

nécessité, et elle perdit ce moyen sans retour.

La puissance Russe, au contraire, fut augmentée dans la même proportion, et elle ac-
quit la faculté de pouvoir forcer la Porte à
toutes les démarches qui lui seroient utiles,
lorsqu'elle le jugeroit à propos. L'expérience
a prouvé qu'elle savoit en user.

Ce n'est pas sous le point de vue de l'augmentation de territoire que ces conquêtes
parurent avantageuses à la Russie, qui n'a
que trop de territoire; mais elle les appré-
cia sous le rapport du commerce et de l'industrie de ses provinces méridionales, des
progrès de sa marine, et il faut convenir
que, sous ce double rapport, elle ne pou-

Les rivières qui se jettent dans le Don, savoir : la Donez,
le Choper, la Woronesch et la Medwadiza, augmentent
d'autant plus l'utilité de ce fleuve pour la Russie, que,
par ce moyen, un plus grand nombre de provinces peuvent prendre part à la navigation.

5. Le Cuban vient à l'est des montagnes du Caucase.
A Koxyl ou Koxul, il se partage en plusieurs bras et
forme ainsi plusieurs îles, dont la plus considérable est
celle de Taman. Ce fleuve n'est pas profond, mais on y
navigue avec des bateaux plats. Il offre un débouché
commode à différens produits du nord du Caucase, surtout depuis Pawlowskoi jusqu'à la mer Noire.

voit faire une acquisition plus importante que celle de la Tauride.

Aussi trouve-t-on dans toutes les dispositions que fit son Gouvernement depuis cette époque, des preuves de l'intérêt qu'il mettoit à préparer et développer ces élémens de prospérité.

D'après l'état publié en 1794, il doit y avoir, sur la mer Noire, pour la sûreté du commerce et des frontières, une flotte Russe, et la marine de tous les ports de la mer Noire, doit être composée ainsi qu'il suit :

15 vaisseaux de ligne de 74 canons.
6 frégates de ligne de. . 50
6 . . . . : . 36
6 28
4 cutters de 12

En outre, trente-six bâtimens qui peuvent agir en pleine mer avec la flotte, de manière que quatre d'entre eux soient pourvus d'armes de plus petit calibre, pour l'attaque, et quelques-uns d'eux garnis de mortiers pour la défense.

Plus trente-six bâtimens pour la défense de l'embouchure des fleuves, à Sebastopol et Kertsch, mais construits de manière qu'en cas de besoin, ils puissent agir en pleine mer.

Cinquante chaloupes canonnières pour le service de l'armée sur les fleuves.

Huit brigantins pour servir de guet à Glu-bokaia, Nicolajew, Oczakow, Eupatoria, Sebastopol, Kertsch et Taganrok.

Le tout, sans compter une quantité considérable de bâtimens et de machines de transport.

Les détails de ce plan de forces maritimes se trouvent dans le *Journal de Russie*, (en allemand), 2ᵉ année, tom. II, 8ᵉ nᵒ., pag. 65 —107. Il est fort douteux qu'on l'ait mis entièrement à exécution, et je n'ai aucun moyen de m'en assurer : mais il donne une idée de l'importance que le gouvernement Russe attache à la navigation de la mer Noire. Une flotte, sortie de la Tauride, peut, si le vent est favorable, arriver en vingt-quatre heures dans le canal de Constantinople.

La France avoit senti, depuis long-temps, la haute importance de cette navigation ; elle avoit profité de ses anciennes liaisons avec la Porte, pour tâcher de l'obtenir exclusivement ; mais ses efforts ont toujours été inutiles.

. Cependant il y a encore bien des obstacles à surmonter, et des dépenses à faire, pour rendre le commerce de la mer Noire avantageux pour la Russie. D'abord, c'est un commerce encore neuf pour elle, ou du moins dans lequel elle n'a pas encore assez d'expérience. Combien de parages inconnus à ses navigateurs ! Où sont ses écoles de matelots, qui ne peuvent être que l'ouvrage du temps ? N'a-t-elle pas encore beaucoup d'établissemens à former, d'entrepôts à établir ? A-t-elle beaucoup de maisons de commerce indigènes, pourvues de fonds suffisans et assez accréditées pour donner de l'extension à ce commerce ? *Catherine II* a beaucoup fait, sans doute, surtout depuis la cession de la Crimée : mais il reste encore plus à faire, et deux choses essentielles manquent à la Russie et à la Crimée, pour que ce commerce soit très-important, la navigation exclusive de la mer Noire et la population. Elle ne peut espérer d'obtenir la première, et elle ne peut devoir l'augmentation de la seconde qu'au commerce et à l'industrie. Aussi le commerce de la mer Noire, qui sembloit d'abord prendre un grand essor, a-t-il déjà diminué sous beaucoup de rapports.

L'esquisse historique que je viens de présenter, doit offrir de grands sujets de médi-
tation à l'homme d'état ; il y trouvera des vérités également intéressantes pour la Russie
et pour toutes les nations commerçantes.

Les Russes du grand prince *Igor* et les
Russes de *Catherine II*, séparés par l'intervalle des siècles, ne diffèrent pas autant
entre eux, que les autres peuples de l'Europe
différeroient d'eux-mêmes si on les compa-
roit à ces deux époques. La civilisation a été
plus tardive pour eux, parce que leur commerce a fait moins de progrès, parce que,
jusque vers la fin du dix-septième siècle, les
circonstances ne les ont mis en rapport qu'a-
vec des barbares. *Pierre-le-Grand* est le
premier de leurs souverains qui les ait rapprochés du reste de l'Europe.

· Cependant le sentiment de leurs besoins,
leur fit toujours désirer, dès les temps les
plus anciens, ce qui leur importe encore le
plus aujourd'hui, la navigation et le commerce de la mer Noire. Leurs générations
s'écoulent, leurs souverains disparoissent
avec les siècles, et on les voit marcher vers.
le même but, tant il est vrai qu'il est pour
les nations, comme pour les particuliers,

une sorte d'instinct qui ne trompe jamais, et qui leur fait rechercher ce qui est plus utile à leur conservation. Les Russes d'autrefois n'auroient pas pu démontrer que le commerce est la base de la force et des richesses des nations, toutes les fois qu'il a lui-même pour base une bonne agriculture et des produits indigènes; mais ils rendoient hommage à ce principe par des efforts qui les auroient conduits à une prompte civilisation; s'ils n'avoient pas eu affaire à des Turcs plus barbares qu'eux.

On a pu remarquer aussi que les Russes n'ont figuré en Europe que du moment où leur commerce a fait des progrès sensibles, que leur influence a suivi graduellement ces progrès, et qu'ils ne se sont placés au rang des puissances les plus considérables, que lorsqu'ils ont été plus près du but qu'ils vouloient atteindre, c'est-à-dire, lorsqu'ils ont pu se flatter d'avoir, en même temps, le commerce du nord et celui de la mer Noire.

Il résulte de ces faits, que, dans l'état actuel de l'Europe, il ne peut y avoir de puissance solide et durable que par le commerce, et que celui de la mer Noire est réellement l'un des plus importans et l'un des

17

plus dignes de fixer l'attention des nations
qui partagent le sceptre des mers.

Ainsi, le souverain qui a pu entrevoir cette
vérité, et qui l'a prise pour guide, est réellement un homme de génie, bienfaiteur de son
pays. Les historiens qui ne s'inquiètent que
de la succession des faits, sans saisir le résultat de leur ensemble, qui jugent les hommes
passés d'après les hommes présens, sans tenir
compte des temps, des lieux, des lumières, des
moyens personnels de celui qu'ils jugent, peuvent très-bien ne pas s'accorder sur *Pierre I.*;
mais celui qui réfléchit sur le véritable intérêt des nations et sur les devoirs de ceux
qui les gouvernent, doit avouer que ce grand
homme avoit découvert la solution du problème de la prospérité de la Russie (1).

(1) « Le grand homme qui conçut l'idée hardie de for-
» mer un empire puissant de cette contrée à moitié dé-
» serte, ou habitée par des peuplades dispersées et demi-
» sauvages, se laissa trop emporter, peut-être par l'im-
» patience de son génie, pressé tout-à-la-fois de créer et
» de jouir; peut-être se méprit-il sur le choix des moyens
» qu'il devoit mettre en usage pour faire arriver plus
» sûrement à une civilisation générale les nations nom-
» breuses qu'il gouvernoit. Mais il entroit essentiellement
» dans ses vues d'introduire dans ses états les arts, le
» commerce et la politique de l'Europe; et quelles

Il ne connoissoit peut-être pas, dans tous leurs détails, les moyens qui pouvoient la réaliser ; mais il avoit tracé la route à ses successeurs, et c'est encore un assez beau titre de gloire pour *Catherine II*, d'avoir, en quelque sorte, achevé son ouvrage.

Cependant, s'il est vrai de dire que la Russie a obtenu tout ce qu'elle pouvoit désirer pour son commerce, il n'est pas moins certain que sa prospérité est plus apparente que réelle, et qu'elle est encore bien éloignée de se placer au premier rang parmi les nations commerçantes.

Je conviens que ce composé immense, cette agrégation monstrueuse de provinces, que l'on appelle l'Empire de Russie, est le pays de l'Europe qui peut offrir une plus grande variété de productions, si l'on veut le considérer comme un seul point.

» qu'aient été ses méprises sur l'art de polir un empire,
» on ne peut nier qu'il n'ait parfaitement réussi par l'en-
» semble de ses mesures, par ses succès, par ses revers
» même, par des tentatives et des opérations tantôt bi-
» zarres, tantôt hardies, et toujours ingénieuses, à en-
» seigner la guerre à ses soldats, à faire supporter les
» arts de l'Europe à ses sujets, à diriger leur industrie
» vers l'intérêt des communications étrangères ». *De l'état de la France à la fin de l'an VIII.*

Mais quand on voit que les provinces russes sont, pour ainsi dire, autant d'Etats séparés par des déserts ou par des mœurs et des langues tout-à-fait différentes, quand on compare l'exiguité de sa population à l'étendue de son territoire (1), quand on réfléchit qu'une

(1) On n'est d'accord ni sur l'étendue ni sur la population du vaste empire de Russie. *Guthrie* lui donne quatre cent quarante-sept mille huit cent trente-cinq lieues carrées; *Tempelman* cinq cent soixante mille; *Büsching*, huit cent cinquante mille. *Took* prétend que cet empire a une longueur de sept mille neuf cent cinquante milles, sur une largeur de deux mille quatre-vingts; *Pinkerton* veut que cette longueur soit de treize cent quatre-vingts milles, sur une largeur de plus de huit cent soixante milles.

La population n'est pas mieux déterminée. *Büsching*, dans sa dernière édition, ne l'évalue qu'à environ vingt millions d'hommes; et *Büsching* qui a habité en Russie, qui a passé une partie de sa vie à recueillir des renseignemens de tout genre sur cet empire, qui nous a conservé dans son *Magasin historique*, les mémoires et documens les plus curieux sur ce qui le concerne, étoit bien éloigné de vouloir en rabaisser la puissance. *Coxe*, dans son voyage, se trouve à peu près d'accord avec lui, et il porte la population de la Russie à vingt millions cent mille ames. *Posselt*, publiciste allemand, en y ajoutant ce que la Russie a gagné par ses colons d'Europe, par le partage de la Pologne de 1772, par ceux de 1793 et 1795, estime la population de tous les États soumis à cette cou-

grande partie de cette population est encore tout-à-fait étrangère à la culture des arts et aux lumières qui la perfectionnent, on cesse

ronne, à vingt-six millions huit cent cinquante mille individus. Mais *Pinkerton*, d'après *Took*, assure qu'en 1799 cette population réelle étoit de trente-six millions, dont trente-trois appartenoient à la Russie Européenne.

On est tenté de croire que ce dernier calcul est fort exagéré; et quand il ne le seroit pas, cette population répartie sur une étendue de pays si considérable, donneroit encore un bien foible résultat.

La même incertitude existe quand on veut rechercher la population d'une province particulière. Prenons pour exemple le gouvernement de Charkow, l'un des plus peuplés. Le russe *Pleschtschejew*, dans sa *Géographie de l'empire russe*, fixe la population de ce gouvernement à sept cent quatre-vingt-deux mille huit cents. D'après un ukase du sénat, il renferme sept mille neuf cent vingt-huit habitans ou bourgeois des deux sexes, et trois cent soixante-quatorze mille huit cent quatre-vingt-sept paysans, sans compter les femmes. *Hermann*, dans son *Tableau statistique de la Russie*, admet ces deux calculs. On trouve dans le premier et le second volume du *Journal* (allemand) *de Russie*, des années 1793 et 1794, une description du gouvernement de Charkow, dans laquelle sa population très-détaillée par sexes, états et professions, est évaluée à sept cent quatre-vingt-seize mille huit cent huit.

Admettons le nombre le plus fort, et en comparant l'étendue du gouvernement de Charkow à sa population,

de croire à la possibilité actuelle d'un grand commerce en Russie, fait par des Russes.

Je suis bien éloigné cependant de refuser

nous serons convaincus que c'est une des provinces les plus peuplées de l'empire Russe. On évalue sa surface à trente mille huit cents werstes carrées, ce qui donne vingt-cinq hommes par werste carrée, ou cent hommes par ancienne lieue carrée, en comptant quatre werstes pour une lieue, et, en général, on ne peut compter dans toute l'Ukraine, que quatre-vingts hommes par lieue carrée.

Qu'est-ce qu'une pareille population, en comparaison de celle de la France, qui donnoit, avant la réunion du Piémont, de l'état de Gènes, de Parme et Plaisance, etc., mille quatre-vingt-six $\frac{173}{2034}$ d'habitans par lieue carrée de vingt-cinq au degré ?

Que seroit-ce donc si, au lieu d'établir la comparaison de la population de la France avec celle d'une province russe très-peuplée, on faisoit cette comparaison avec une contrée qui le seroit moins; par exemple, le pays habité par les Cosaques du Don ? On trouveroit trois ou quatre habitans par werste carrée, conséquemment douze ou seize habitans par lieue carrée; et il y a encore dans l'empire russe des pays beaucoup moins peuplés.

Le gouvernement de la Tauride, le Cuban, les provinces situées entre le Dniester, le Bog et le Dnieper n'ont pas une population plus considérable que le pays habité par les cosaques du Don.

On est si peu instruit de l'étendue réelle de la popula-

à certains peuples de Russie l'intelligence et
les dispositions nécessaires pour l'exercice
des arts et du commerce ; ils imitent avec
succès et déploient beaucoup d'adresse ; mais ,
indépendamment de ce qu'ils manquent des
institutions et des lois fixes , qui peuvent seu_
les faire fleurir le commerce et en inspirer
le goût et le besoin , on s'est encore mépris
sur les moyens d'arriver à ce grand but. On
a voulu tout créer et tout faire à la fois , et
lorsqu'on ne savoit pas encore donner au lin
et au chanvre que le pays produisoit , toutes
les préparations dont ils étoient susceptibles,
on établissoit des fabriques de soieries , et on
se procuroit , à grands frais , des soies de la
Chine , de la Perse et de l'Italie. On a voulu
créer un grand commerce extérieur , quand

tion de l'empire de Russie , que le docteur *Georgi* ,
membre de l'académie impériale de Pétersbourg , auquel
on doit la meilleure et l'une des plus modernes descrip-
tions de la Russie , description qu'il a faite avec l'exactitude la plus scrupuleuse, après plus de trente ans de séjour
et de voyages dans toutes les parties de l'empire , et après
avoir consulté toutes les sources, est forcé de convenir
qu'on ne peut rien dire de certain à cet égard. Il rapporte
lui-même toutes les opinions, et il finit par dire , que,
dans tous les cas, on peut assurer que l'étendue de l'empire
de Russie est le double de l'étendue de l'Europe.

il n'y avoit pas ou presque pas de commerce intérieur.

Il n'y aura point de commerce en Russie, c'est-à-dire, de commerce fait par des Russes, et proportionné à l'étendue et aux richesses de cet Empire, tant qu'on ne reviendra pas à l'ordre prescrit par la nature.

La Russie a une grande quantité de matières premières ou de productions territoriales qui sont recherchées des étrangers ; des pelleteries de toutes les espèces, des cuirs bruts et préparés, du cuivre, du fer, du talc, du suif, de la cire, du miel, de la potasse, du salpêtre, du goudron, de la poix, de l'huile de lin, de la graisse de poisson, du caviar, de la merluche, du poisson salé, de la colle de poisson, du castoréum, des animaux vivans, du blé, du chanvre, du lin, de la graine de lin, des toiles grossières, de la toile à voiles, du musc, de l'ivoire, des plumes, des soies de cochon, des bois, du tabac, etc., etc.

Ces articles sont, la plupart, si importans, qu'ils peuvent attirer le commerce de toutes les nations et procurer à la Russie tous les objets qui lui manquent. Il falloit donc donner son premier soin à ce genre de com-

merce, faciliter le transport et la circulation de ces marchandises, et créer, par des
chemins et des canaux, par des priviléges,
s'il étoit nécessaire, un commerce intérieur
dont l'activité pût redonner la vie à toutes
les provinces, et préparer les succès du commerce extérieur.

C'étoit, en effet, le seul moyen d'établir solidement ce dernier, et de multiplier les
hommes et les subsistances qui les nourrissent. L'industrie alors auroit fait successivement les plus grands progrès et des progrès durables, et les déserts auroient pu se
peupler.

Mais que peut-on attendre des manufactures actuellement établies en Russie, pour
travailler des matières premières qui n'appartiennent pas au pays? Ces manufactures
ne sont bonnes que pour les nations qui ont
un excès de population. Elles ne peuvent
être, chez les autres, qu'un moyen imaginé
pour flatter la vanité nationale ou celle du
souverain, en nuisant essentiellement à la
première de toutes les industries, celle qui
s'exerce sur le sol et sur les produits du sol.
Ces fabriques d'ostentation ressemblent assez
à ces serres ruineuses, établies dans le pays

par des gens riches, pour obtenir, à tout prix, des fruits que la nature refuse à leur territoire, et qu'ils pourroient se procurer à bien meilleur marché, en les achetant des étrangers.

Si l'on avoit employé à faciliter les communications, à favoriser le perfectionnement des manufactures de toile et de toutes celles des produits du pays, les capitaux qui ont été employés pour la fabrique de haute-lisse de Pétershourg, pour les sept fabriques de fil d'or et d'argent et les cinquante-deux fabriques de soie, qui existent aujourd'hui, le commerce russe seroit plus avancé qu'il ne l'est.

On ne contrarie pas impunément l'ordre naturel ; le gouvernement russe a inutilement mis des impôts considérables sur les marchandises du dehors, en ne soumettant les nationales qu'à un droit modique ; il n'en résulte pas moins que les Russes ne sauroient se passer des produits des fabriques étrangères, et qu'ils n'y ont gagné que de les payer plus cher.

Il ne leur reste donc maintenant d'autres ressources, que de renoncer momentanément à des entreprises stériles, pour ne s'occuper que des progrès de leur marine mar-

chande, de l'activité de leur commerce intérieur (1) et extérieur et des échanges de leurs
produits territoriaux multipliés et perfec-
tionnés. C'est par cette route, et par cette
route seulement, qu'ils arriveront à la prospérité commerciale que leur situation en
Europe les met en droit d'espérer. Les lumières se répandront insensiblement; l'industrie se propagera; ils verront naître naturellement, et lorsque le temps en sera venu,

(1) L'étendue est le seul obstacle qu'on ait à combattre pour donner de l'activité au commerce de la Russie,
et cet obstacle n'existeroit pas si la population étoit
proportionnée. C'est, à cela près, le pays le mieux disposé pour le commerce intérieur et pour le commerce
extérieur. La Russie est environnée de quatre mers, sans
compter celle du Kamtschatka, et traversée par une
quantité prodigieuse de rivières destinées par la nature à
faire circuler l'abondance dans les provinces, et à établir
leur communication. Il n'est pas jusqu'à la rigueur du
climat d'une partie de ces provinces, qui ne puisse contribuer à ce but, le traînage suppléant, pendant l'hiver,
à la navigation, et rendant les transports plus rapides et
moins dispendieux. Il se tient déjà, en différentes villes
de l'empire, des foires assez considérables, dont la plus
célèbre est celle de Makarief, dans le Nizni-Nowogròd.
Les plus renommées de ses villes de commerce sont Pétersbourg, Riga et Moscou. Cette dernière est le centre
du commerce intérieur.

des établissemens qu'ils voudroient en vain former aujourd'hui, et ils s'affranchiront des liens commerciaux qui les privent de la plus grande partie des bénéfices qui devroient leur appartenir.

Le principe sacré de l'affranchissement des mers peut seul opérer le salut de leur commerce, et resserrer leurs liaisons commerciales. En le suivant avec constance, ils se convaincront bientôt qu'ils ont été jusqu'à présent la proie de l'avidité anglaise; que tout ce qu'ils ont fait, et tout ce qu'ils pourroient faire s'ils ne changeoient pas de système, tourneroit à l'avantage de l'Angleterre, et qu'enfin, s'il y a une nation en Europe dont l'amitié leur soit précieuse, c'est la nation française.

SECONDE PARTIE.

Du Commerce des Français et des Russes.

Quelques années de plus ajoutées au règne de *Pierre I.er*, auroient assuré à la France des avantages que les Anglais ont su obtenir et conserver. Si même, depuis sa mort, le Gouvernement français avoit eu plus de nerf et de fermeté, plus de vigilance et d'activité, il seroit parvenu à déjouer les intrigues de l'Angleterre, parce qu'*Elisabeth* et *Catherine II* étoient assez disposées à suivre les traces de leur illustre prédécesseur, et qu'elles paroissoient convaincues, comme lui, que les Français et les Russes étoient les deux nations de l'Europe qui avoient le plus besoin l'une de l'autre.

Le génie de *Richelieu* avoit entrevu cette vérité, lorsqu'il essaya, en 1626, de nous procurer un commerce en Russie, et qu'il fit un traité avec le tzar *Michel*.

Colbert, dont les grandes vues ont été si souvent justifiées par l'expérience, et qui sentoit combien le commerce du Nord étoit important pour nous, créa, quarante-trois ans après (en 1669), une compagnie du Nord, qui devoit faire pendant vingt ans le commerce de Zélande, de Hollande, des côtes d'Allemagne, de Danemarck, de Suède, de la mer Baltique, de la Norwège et de la Moscovie.

Le peu de succès de cette compagnie ne dépose pas plus contre l'utilité de son établissement à cette époque, que l'inutilité de nos démarches pour fonder un commerce direct avec la Russie ne dépose contre les principes qui les dictoient. Les mêmes obstacles s'opposèrent et s'opposent encore à nos vues. Les Anglais, dès les temps les plus anciens, regardoient le commerce russe comme leur patrimoine, et sous le tzar *Michel*, ils avoient réussi à établir des liaisons étroites avec les Russes.

Le traité de *Richelieu* ne leur porta point d'ombrage, parce qu'il avoit lieu entre deux peuples qui n'avoient point ou presque point de navigation extérieure. Mais lorsqu'ils eurent deviné les desseins de *Pierre Ier*, lorsqu'ils virent que ce grand prince, qu'aucun obstacle ne rebutoit, qu'aucune considération ne détournoit de ce qu'il croyoit utile à son pays, avoit fait, malgré son amitié pour eux, des propositions au régent de France, pour établir un commerce direct entre les deux nations, *ils commencèrent à s'inquiéter, à s'agiter, à négocier, à intriguer* ; mais tous leurs efforts furent inutiles.

L'œil attentif et pénétrant de *Pierre I*ᵉʳ avoit démêlé les motifs qui pouvoient l'engager à se lier avec la France, sous les rapports du commerce et même de la politique. Dans son voyage à Paris en 1717, il minuta, de sa propre main, de concert avec le régent, un traité de commerce qu'il remit à ses ministres en Hollande, dès qu'il y fut de retour. Ce traité, qui étoit aussi relatif à la paix du Nord, fut signé à La Haye par l'ambassadeur de France, le 15 août 1717. Le cabinet de Versailles et le roi de Prusse acceptèrent la médiation dont le tzar les pria de se charger. Ce fut alors que la jalousie et l'animosité des Anglais firent jouer tous les ressorts, et qu'ils se déterminèrent à acheter, par les plus grands sacrifices, la prédilection de la Russie.

L'agitation de la France, à cette époque, le peu d'attention de son gouvernement aux objets les plus importans, le délabrement des fortunes, le découragement du commerce, tout contribua à faire négliger les fruits

d'une négociation si heureuse, et la mort de
Pierre-le-Grand détruisit nos espérances.

Les hommes d'état sentirent bien la perte
que nous venions de faire, et quelques bons
esprits décidèrent le gouvernement à saisir
la première occasion favorable de renouer
nos liaisons avec les Russes : mais la guerre
de 1733 fut un nouvel obstacle à ce salutaire projet.

L'avénement d'*Elisabeth* fit renaître les
espérances. Cette fille de *Pierre-le-Grand*,
déjà rapprochée des Français par ses goûts
et son caractère, devoit chercher à réaliser
les conceptions du génie de son père : mais
son ministre *Bestucheff*, voué aux Anglais
et à l'Autriche, parvint à empêcher les heureux effets de la politique naturelle de cette
princesse. La disgrace de *Bestucheff*, qui
arriva ensuite, fit revivre les projets de la
France, et elle se hâta d'envoyer un consul
à Pétersbourg.

Le premier moyen qu'elle mit en usage
pour gagner la confiance du gouvernement
russe, fut de lui proposer d'acheter les tabacs
de l'Ukraine. Cette négociation fut encore
traversée par les Anglais, et, à force d'intriguer et de temporiser, ils profitèrent de la

mort d'*Elisabeth*, qui eut lieu peu de temps après, pour faire encore repousser les espérances que nous avions conçues.

Enfin, depuis plus de quarante ans, nous avions le chagrin de voir le commerce du nord exclusivement livré aux Anglais qui couvroient la Baltique de leurs vaisseaux, et l'empire russe des productions de leur industrie. Toutes nos marchandises étoient portées dans le nord sur des bâtimens anglais ou hollandais; les vins de France payoient des droits exhorbitans, et le commerce français étoit obligé d'acquitter tous les droits en rixdallers, tandis que les Anglais les payoient en monnoie du pays.

Il n'en falloit pas tant pour décourager un commerce qui avoit toujours été mal organisé, et cependant, comme la Russie seule pouvoit fournir aux puissances maritimes toutes les matières premières nécessaires à leur marine, nous étions encore forcés de recevoir ces fournitures de la main même de nos ennemis naturels (1).

(1) On conçoit difficilement comment l'ancien gouvernement français n'a pas fait plus d'efforts, et même de sacrifices pour s'assurer l'approvisionnement direct de sa marine. Ses plans et ses approvisionnemens

En vain tous nos ambassadeurs avoient-ils tenté de nous arracher à une position si désavantageuse. M. *de Ségur* fut plus heureux. Ce ministre, qui réunit à un si haut degré les qualités d'homme de lettres et d'homme d'état, profita habilement des circonstances et de l'ascendant que les graces de son esprit et les charmes de sa société lui avoient donné sur *Catherine II.* L'accession du roi d'Angleterre à la Ligue germanique, son rapprochement de la Prusse et son opiniâtreté à ne point reconnoître la neutralité armée, ont toujours été soumis à la tyrannie des circonstances. Aussi l'a-t-on vu payer des sommes exorbitantes pour des munitions navales qu'il auroit obtenues à moitié prix, et même au-dessous, s'il les eût achetées directement, et qu'il ne se fût pas laissé ruiner par des négocians étrangers et par des fournisseurs indigènes qui s'entendoient pour mettre à profit son imprévoyance.

On fit à Brest un relevé des mâtures payées par le roi depuis 1766 jusqu'en 1782. Sur huit millions effectifs qui avoient été payés, on ne trouva de bons mâts que pour la valeur de deux millions. Sur une fourniture de six cents mâts faite par une compagnie au gouvernement, et estimée par elle un million trois cent mille livres, le gouvernement ne retira qu'une valeur de cinq cent quarante-huit mille livres, encore fallut-il y comprendre tout ce qui étoit seulement passable ou qui pouvoit avoir la moindre utilité pour le service du port.

devinrent, entre les mains de cet ambassadeur, des motifs déterminans pour la souveraine auprès de laquelle il étoit accrédité, et il signa, en 1787, un traité de commerce qui assuroit à son pays tous les avantages dont les Anglais avoient joui exclusivement jusqu'alors en Russie.

Je me contenterai de rappeler ici quelques-uns des articles les plus importans de ce traité.

Par l'art. 10, il est stipulé que « Les sujets des puissances contractantes paieront pour leurs marchandises les droits de douanes et autres fixés par les tarifs existans, ou qui existeront à l'avenir dans les états respectifs; que le gouvernement russe accorde aux Français la prérogative d'acquitter, dans tout l'empire, les droits de douane en monnoie courante de Russie, qu'ils étoient obligés précédemment d'acquitter en rixdales; qu'ils paieront à raison de cent vingt copeks par rixdale (5 fr. 43 c.); mais cette facilité n'aura pas lieu dans le port de Riga, où les sujets russes eux-mêmes paient en rixdales effectifs ».

L'art. 11 est particulièrement important pour le principal objet de ce Mémoire. Il porte que , « Pour favoriser le commerce *entre les provinces méridionales des deux états*, les denrées et marchandises russes venant de la mer Noire ou autres, sont exemptes du droit de 20 pour 100 et de 10 sous par livre, que les étrangers sont obligés de payer pour les marchandises du Levant qu'ils y introduisent, à condition que les capitaines de bâtimens russes fourniront la preuve authentique que ces denrées ou marchandises sont du cru de la Russie, et ont été expédiées desdits ports et non d'autres. Pour répondre à cette faveur, le gouvernement russe s'engage à faire participer les négocians français à l'avantage qu'assure à ses sujets son édit du 27 septembre 1782, dont l'art. 6 porte, pour la mer Noire et celle d'Azow, une diminution d'un quart des droits fixés au tarif qui fait partie de cette ordonnance ».

L'art. 12 est du plus grand intérêt pour nos vins et nos savons. Il y est dit que « Tous les vins de France, hors ceux de Bourgogne et de Champagne, qui seront importés en Russie par les ports de la mer Baltique et de la mer Blanche, sur des navires français ou russes, et pour le compte des sujets respectifs, y jouiront d'une diminution de trois

roubles par chaque oxhofft ou barrique de
deux cent quarante bouteilles, conséquemment treize roubles, au lieu de quinze qu'ils
payoient auparavant. Lorsque lesdits vins
entreront en Russie *par les ports de la mer
Noire*, ils jouiront , outre la diminution
susdite, du bénéfice de 25 pour 100, que le
tarif accorde, et alors les droits d'entrée de
ces vins sont réduits à neuf roubles. Les vins
de Champagne et de Bourgogne jouiront
d'une diminution de dix copeks par bouteille
de droits d'entrée dans les ports de la mer
Baltique et de la mer Blanche; de sorte que
le premier de ces vins qui, d'après le tarif,
payoit cinquante-huit copeks , n'en paiera
plus que cinquante par bouteille, et l'autre
sera porté de cinquante à quarante. Ils jouiront également *dans les ports de la mer
Noire*, du bénéfice de 25 pour 100, ce qui
réduit les droits d'entrée pour les vins de
Champagne à trente-sept copeks et demi par
bouteille , et pour ceux de Bourgogne, à
trente copeks aussi par bouteille. Les savons
de Marseille importés dans les états de Russie
par les Français, jouiront pareillement d'une
diminution de droit : de sorte qu'au lieu de
six roubles par *pud* (trente-trois livres an-

ciennes), ils ne paieront plus qu'un rouble,
comme les savons pareils de Venise et de
Turquie ».

L'art. 14 règle la manière de constater la
propriété française des marchandises importées en Russie, et réciproquement.

Ce traité, rédigé avec beaucoup de clarté,
ne laissoit rien désirer au commerce français
à cette époque, et si l'on en eût bien connu
toute l'importance, il n'est aucun négociant
qui n'eût décerné une couronne civique à
son auteur. Mais, d'un côté, son exécution
étoit contrariée par une foule d'intrigues et
de circonstances différentes ; de l'autre, le
commerce français sembloit, par son apathie, en méconnoître les avantages. C'étoit,
il est vrai, dans le même temps que l'on
commençoit à ressentir les funestes effets du
traité de commerce avec l'Angleterre, et
l'appât des primes n'excitoit point les négocians, qui étoient généralement mécontens
de ce dernier traité.

D'ailleurs, le commerce de Russie étoit
en quelque sorte un commerce nouveau pour
eux, surtout par la voie de la mer Noire ;
le peu d'habitude qu'ils en avoient ; le peu
de ressources qu'ils pouvoient trouver dans

un petit nombre de maisons françaises établies en Russie, où elles n'avoient presque point de consistance ; l'opinion où ils étoient de la mauvaise foi des Russes et de l'avidité jalouse des Anglais qui se trouvoient en force parmi eux ; tout contribuoit à éloigner leurs spéculations de cette direction.

On ne sentoit pas aussi bien qu'aujourd'hui combien il importe à une nation commerçante de transporter elle-même ses marchandises ; jusqu'alors les navires étrangers avoient été en possession de charger les nôtres pour la Russie, et on continua de les en charger. Les négocians égoïstes (et malheureusement il y en a toujours eu), faisoient même arriver du nord des ordres précis qui leur désignoient tel ou tel navire étranger pour tel chargement ; ils se prêtoient à ce manége, sans calculer les intérêts de leur pays, parce que leur bénéfice étoit le même, et ils ne pensoient qu'à leur bénéfice.

Le traité de 1787 n'a donc presque jamais été mis à exécution, et il ne pouvoit pas en être autrement, si l'on ajoute aux obstacles que je viens d'indiquer la situation politique de la France, quelques années après.

Il est remarquable que, dans l'espace de

cent soixante-un ans, tous les efforts de la
France, toutes les négociations de son gouvernement n'ont pu obtenir de la Russie que
deux traités de commerce, rendus tous deux
inutiles par les circonstances, et que, tandis
que l'Angleterre s'occupoit d'enchaîner la
France par un traité de commerce avec elle,
elle cherchoit à annuller par le fait celui
que la France avoit conclu avec la Russie.

Les troubles de la révolution paralysèrent
naturellement toute espèce de commerce,
et relâchèrent tous les liens commerciaux de
la France. Dès l'an VIII, le gouvernement
russe prohiba à l'entrée une quantité immense
des produits de nos manufactures. Il seroit
trop long d'étaler ici cette triste nomenclature ; il suffit de savoir qu'elle renferme
tout ce que la Russie pouvoit tirer d'Angleterre ou d'Allemagne, ou ce qu'elle croyoit
que ses nouvelles manufactures pouvoient
lui fournir.

Cependant plusieurs branches importantes
de notre commerce n'étoient point atteintes
par cette prohibition, parce que nous en
avons qui n'appartiennent qu'à nous, et que
la Russie ne peut s'en passer.

C'est ici le lieu de rappeler brièvement

l'ancienne situation de notre commerce en Russie avant la révolution. Ce calcul prouvera, mieux que tous les raisonnemens, combien ce commerce est intéressant pour nous, et surtout pour la Russie, puisqu'au milieu de tous les obstacles et de tous les désavantages, son résultat étoit encore si considérable.

A la fin du règne de *Louis XIV* (1), les importations de toutes les puissances et contrées du nord s'élevoient seulement à la somme de deux millions trois cent mille liv., principalement en bois de construction, chanvre et métaux. Au moment de la révolution, elles montoient à trente-un millions six cent mille livres, dont vingt-quatre millions de matières brutes, particulièrement en cuivre, bois de construction de Danemarck et de Russie, chanvre et suif de Russie.

Les exportations, à la fin du règne de *Louis XIV*, s'élevoient à la somme de six millions huit cent mille livres, savoir : huit cent cinquante-six mille livres de lainages et toileries, quatre cent quatre-vingt mille liv.

(1) Ces calculs sont extraits du livre *de la Balance du Commerce*, par M. *Arnould*, que j'ai déjà cité plusieurs fois avec l'éloge qu'il mérite.

de cuivre, liège, etc., et cinq millions quatre
cent mille livres de boissons et comestibles.
Au moment de la révolution, les exportations
de France pour ces mêmes contrées, montoient à près de quatre-vingts millions de liv.,
1°. trois millions six cent mille liv. en marchandises manufacturées, fabriquées et ou-
vragées, destinées plus particulièrement pour
la Russie; 2°. sept millions cent mille livres
de matières brutes, particulièrement en indigo et autres drogues pour la teinture, et
de coton, pour les villes hanséatiques, la
Suède et le Danemarck; 3°. douze millions
de boissons en vins et eaux-de-vie, dont trois
millions pour la Russie; 4°. deux millions
environ de comestibles; 5°. cinquante-cinq
millions de sucre et de café de nos îles,
dont deux millions et demi environ pour la
Russie.

Il est évident que nos manufactures et nos
colonies retiroient les plus grands bénéfices
d'un pareil commerce, malgré les chaînes
dont il étoit chargé, et la mauvaise direction
qu'on lui donnoit. Ses principales bases étoient
et seront encore, 1°. les vins et eaux-de-vie
de notre territoire; 2°. les denrées de nos.
colonies; 3°. les produits de nos manufac-

tures qui manquent à la Russie, et de la
plupart de celles dont la fourniture est faite
aujourd'hui par les Anglais, parce qu'à avantage égal, ils soutiendront plus difficilement
la concurrence. La Russie, de son côté, nous
donnera toujours des bois de construction,
des chanvres, des métaux et des suifs, que
nous paierons moins, quoiqu'elle nous les
vende aussi cher, si nous les allons chercher
nous-mêmes, en employant surtout la voie
de la mer Noire. Par la même raison, les
Russes auront nos produits à meilleur marché, parce qu'ils les tiendront de la première
main.

Je le répète, le commerce de la France
et de la Russie est fondé sur les intérêts respectifs des deux états. Cette vérité est si cer-
taine, que la France n'a pas besoin, pour la
démontrer, de recourir aux résultats d'un
privilége exclusif; qu'elle ait seulement la
liberté de faire le commerce de Russie comme
la nation la plus favorisée, et elle ne redou-
tera bientôt aucune concurrence. Elle a plus
d'objets d'échange à offrir à la Russie qu'aucune autre nation; elle est plus à portée
qu'aucune autre de faire ce commerce directement, à moins de frais; aucune autre ne

peut satisfaire les besoins de la Russie à si
bas prix.

Il est donc bien étrange que presque aucune nation de l'Europe ne fasse en Russie
un commerce direct aussi borné que le nôtre.
A peine une vingtaine de nos bâtimens se
montroient-ils annuellement dans les ports
de Russie ; tandis que les Hollandais, par
exemple, y envoyoient tous les ans au moins
quatre cents gros navires dont les cargaisons
consistoient, en grande partie, en marchandises de la France et de ses colonies. Comment
pouvions-nous supporter que les Anglais et
les Hollandais fussent les entremetteurs d'un
commerce si considérable ? Comment étions-
nous assez aveugles pour leur abandonner à
un prix inférieur ce qu'ils devoient vendre
bien cher à la nation qui avoit besoin de
nous? Comment ne voyions-nous pas qu'ils
ajoutoient au bénéfice de ce trafic intermé-
diaire le bénéfice de leur navigation, à laquelle ils donnoient la plus grande activité ?

Mais, depuis long-temps, la plupart des
négocians français ont perdu en quelque sorte
la trace de ces grandes spéculations du commerce extérieur, qui peuvent seules porter
une nouvelle vie dans toutes les branches du

commerce; les événemens de la révolution, la disparution ou le resserrement des capitaux ont fait évanouir le crédit, qui est l'ame de toutes les affaires, et rétréci toutes les idées.

L'établissement de Cherson, quelque mal conçu, quelque mal placé, quelque incomplet qu'il pût être, pouvoit devenir le centre d'un commerce immense entre la France et la Russie. L'exemple de M. *Anthoine* auroit dû trouver des imitateurs. L'une et l'autre nation y auroient gagné des avantages inappréciables; la voie de la mer Noire étoit, pour l'une et pour l'autre, plus courte, plus prompte et plus commode que celle de la Baltique.

Notre ancien gouvernement a laissé échapper toutes les occasions de réaliser ce beau plan de commerce; il n'a pas même su profiter des succès qu'il avoit obtenus par son ambassadeur. La chose étoit cependant d'autant plus possible, que *Catherine II*, animée des vues de *Pierre-le-Grand*, ne méconnoissoit pas les véritables intérêts de sa nation, et qu'elle essaya de se soustraire au monopole des Anglais, ce à quoi elle auroit réussi sans la révolution française.

Le traité de commerce de 1766 assuroit à l'Angleterre, non-seulement d'anciens priviléges, mais il lui en accordoit encore dè nouveaux pour vingt années. *Catherine* saisit le moment de son expiration pour établir une concurrence nouvelle dans ses états. Elle refusa constamment de renouveler le traité de 1766, et elle finit, comme on l'a vu, par en conclure un particulier avec la France, basé sur l'intérêt réciproque des deux nations. Mais la révolution française fit dévier la Russie de ces sages mesures, et l'Angleterre obtint, en 1793, le renouvellement du traité de 1766, tandis que la France vit prohiber tout son commerce dans cet empire.

Cependant l'avantage de ces liaisons directes avec la Russie, ne pouvoit échapper à l'œil pénétrant et aux vastes conceptions de N apoléon. Le traité de 1787 entre là France et la Russie fut maintenu par la paix faite en l'an X. Les circonstances politiques ont apporté de nouveaux obstacles à son exécution : mais, comme le dit *Montesquieu*, « Le monde se met de temps en temps dans » des situations qui changent le commerce », et le changement de la face et des relations politiques de l'Europe opèrera forcément une grande révolution dans le commerce. C'est le moment, pour chaque nation, d'étudier ses véritables intérêts, d'apprécier ses ressources, de calculer la direction qu'elle doit donner aux affaires commerciales, et de se placer au rang où elle est appelée par sa position, sa puissance et l'activité de son industrie.

Le commerce de la Russie est l'un des plus importans pour nous, et le commerce de la France est le plus important de tous pour la Russie. Mais les Russes ne parviendront jamais à une véritable prospérité commerciale, que lorsque leurs plus belles provinces, leurs provinces méridionales seront vivifiées, enrichies et peuplées par le commerce de la mer Noire.

Il est donc du plus haut intérêt pour les deux nations, d'examiner quelles sont leurs ressources mutuelles, quels moyens elles peuvent employer pour les augmenter, quelle direction elles doivent donner aux différentes branches de leur commerce. La fin de ce Mémoire va être consacrée à cet examen, qui doit attirer l'attention des négocians.

§ PREMIER.

Produits de la Russie. Ses ports. Ses exportations. Ses villes de commerce (1).

Quels sont les principaux produits de la Russie pour le commerce de la mer Noire ?

Les produits naturels ont tous besoin de la main des hommes, pour être rendus propres à la vente. Plus ces produits sont multipliés ; plus une grande population est nécessaire pour les faire valoir. Il n'est donc pas possible que l'exportation soit plus forte, parce que la population est plus foible, et qu'elle a moins de besoins. Une petite population ne peut guères obtenir au-delà de ce qui lui est nécessaire. Plus il y a de bras, au contraire, et plus il y a de moyens de multiplier les

(1) On peut compter sur l'exactitude de tous ces renseignemens. Je les ai puisés dans les ouvrages étrangers les plus favorables à la Russie. Tels sont les *Journaux de Pétersbourg et de Russie*, écrits en allemand, et qui renferment des détails extrèmement précieux : le *Voyage de Guldenstadt*, la *Géographie russe de Pleschtsejew*, un ouvrage allemand en deux volumes, *sur le commerce de Russie, son agriculture, son industrie*, etc., etc.

produits de tous les genres et de perfectionner l'agriculture et l'industrie.

C'est d'après ces principes qu'il faut juger
le commerce de la Russie méridionale; il
faut comparer sa population à l'espace qu'elle
occupe, et ses produits actuels avec les
moyens de les multiplier, ses exportations
avec ses importations.

A quoi sert une grande étendue de pays
avec le sol le plus fertile, lorsque la terre
n'est cultivée que pour le besoin? Quel avantage procurent de riches prairies, lorsque
les bestiaux sont élevés et soignés à la manière
des hordes errantes? Qu'importe un climat
chaud où l'on pourroit cultiver les fruits les
plus précieux, lorsqu'on abandonne à eux-
mêmes ceux que la nature y a déjà placés?
Nous verrons si ces reproches sont applicables à la Russie méridionale.

Déterminons d'abord celles de ses provinces qui peuvent prendre part au commerce
de la mer Noire, et voyons quels sont leurs
produits.

Je tire une ligne de Smolensko, par Ka-
luga, Woronesch, jusqu'à la Medwediza, où
le Don sert de limite orientale; je prends
ensuite l'espace compris entre le Dnieper et

le Dniester, où la Przypiec, au nord, sur la rive droite du Dnieper, au-dessus du Kiow, fait une autre limite. Toutes les eaux sont renfermées dans cet espace auquel la mer Noire sert de base. Ici, la nature a marqué elle-même les limites, puisque l'écoulement de tous les fleuves de cette étendue de pays, se fait vers la mer Noire.

Ainsi les provinces de Smolensko, Mohilow, Kiow, Kursk, Woronesch, Tschernigow, Charkow, Nowogrod-Sewerski, Ekaterinoslaw, la Taurie, Wesnesensk, les provinces russes-polonaises entre la Przypiec et le Dniester, le pays des Cosaques du Don et une partie du Caucase, peuvent, avec leurs productions, prendre part au commerce de la mer Noire.

Quels sont maintenant les principaux produits que ces provinces peuvent livrer?

Grains.

Nous comprenons sous cette dénomination le froment, le seigle, l'orge, l'avoine, le millet et le sarrazin. L'Ukraine est la plus fertile de toutes ces provinces : elle appartient entièrement à la Russie. Les contrées qui se trouvent des deux côtés du Don supérieur, peuvent aussi livrer des grains en abondance, et cependant elles n'en donnent guères plus que la consommation n'en exige. La culture en est négligée, parce que jusqu'à présent on a manqué de débouchés pour la vente. On doit s'étonner de ne pas voir figurer des grains dans la liste des exportations de la mer Noire. La véritable cause de cette omission est celle qu'on apporte partout, lorsqu'une chose qui devroit se faire ne se fait pas. Ce n'est pas l'usage d'envoyer des grains à la mer Noire. Constantinople, qui en manque si souvent, sans compter les autres contrées de la Méditerranée qui ont besoin de grains, seroit un marché très-important de cette denrée.

Le commerce le plus avantageux qu'on puisse faire du grain sur la mer Noire, est de le réduire en farine. On s'en défait ainsi facilement et d'une manière avantageuse, dans les îles de l'Archipel, et sur la plupart des côtes de la Méditerranée et de la mer Adriatique. Le blé et la farine qu'on exporte maintenant par la mer Noire, sont des produits de la Tauride ; il y en a bien peu du reste de la Russie méridionale.

Plus la farine est fine, plus le commerce en est lucratif; il faut seulement avoir soin de la tenir bien sèche et de la bien conserver, comme on le fait dans nos minoteries. Mais il faut de bons moulins pour la préparer, et il y en a encore bien peu en Russie. *Guldenstœdt* remarque dans son voyage, qu'il en trouva un à Komenoi-Brod, qui étoit le seul dans tout le district d'Azow. On y venoit moudre d'Azow même, qui en est à plus de vingt-cinq lieues. Ordinairement ces moulins sont très-mal construits, et plus propres à écraser le grain pour les brandevineries qu'à faire de la bonne farine. *Guldenstœdt* nous fait encore juger de la mauvaise construction des moulins de la Russie méridionale, en rapportant qu'un moulin à vent, à Krylow, étoit cité comme une merveille, parce qu'il pouvoit moudre trente lofs de blé en vingt-quatre heures, tandis qu'un moulin ordinaire hollandais peut en moudre vingt en une heure.

Parmi tous les autres produits du règne végétal, la Russie méridionale n'en fournit point qui offrent un article important pour le commerce de la mer Noire. Les bois, le chanvre, le lin pourroient l'enrichir; mais les cordes et les cables, les toiles grossières, les toiles à voiles, qu'on y porte en petite quantité, viennent de la Russie centrale.

Bestiaux.

Les provinces méridionales de l'empire russe, pour lesquelles l'éducation des bestiaux est une occupation principale, devroient retirer les plus grands avantages de leur commerce. Cependant, excepté l'exportation de quelques milliers de bœufs et de chevaux de l'Ukraine, avec un peu de laine, des cuirs bruts, quelques peaux de mouton, etc., elles ne retirent presque aucun profit de cette éducation.

La chair, les peaux et le beurre des bêtes à cornes sont cependant des branches intéressantes de commerce. Mais on exporte très-peu de viande salée, quoique la Russie méridionale, à raison de ses excellentes prairies et du bas prix du sel, pût en faire un commerce considérable. Elle trouveroit un débouché de la viande salée sur toutes les côtes de la Méditerranée. En abattant plus de bêtes à cornes pour cet objet, elle auroit une plus grande quantité de peaux qui seroient

elles-mêmes un article d'échange très-utile.
L'exportation de ces deux articles est à présent de peu de valeur.

Celle du beurre est un peu plus considérable; mais il n'est pas préparé comme il
devroit l'être, pour procurer de plus grands
bénéfices. Sa préparation est vicieuse, même
dans les provinces du centre et du nord de
la Russie. O y cherche à obtenir des parties
grasses du lait, par le moyen du feu, plutôt
une espèce d'huile que du beurre. Aussi le
mot russe *maslo* désigne-t-il également du
beurre et l'huile qu'on extrait du règne végétal. On ajoute quelquefois à cette expres-
sion celle de *korowje*, pour désigner le beurre,
et l'on dit *maslo-korowje*, ce qui signifie
huile de vache. Avec un beurre bien préparé, on peut faire un commerce important
à Constantinople, en Natolie et dans l'Archipel. Les Turcs font grand cas du bon
beurre. Un pud (à peu près seize et demi
kilogrammes) de beurre russe ordinaire se
paie à Constantinople cinq à six roubles, et
il ne vaut guères que quatre roubles à Cherson
et à Kaffa.

Poissons ; Caviar, etc.

Les mers, les lacs et les rivières de Russie ont beaucoup d'excellens poissons, tels que le sterlet, espèce d'esturgeon, le soudak et le kossa de la mer Caspienne. Les Russes pêchent, dans les mers du nord, des baleines et des veaux marins dont ils font de l'huile ; dans la mer Caspienne, des chiens de mer, dont ils vendent les peaux aux Anglais et aux Hollandais, et dont la graisse leur sert à faire du savon. Des auteurs qui paroissent fort instruits, évaluent le produit annuel de la pêche pour tout l'Empire, à quinze millions de roubles. Les poissons salés et le caviar sont un article assez considérable.

Miel et Cire.

On devroit encourager l'éducation des abeilles dans les plaines et les prairies de la Russie méridionale. L'Ukraine donne beaucoup de miel et de cire, mais la plus grande partie de ces produits passent en Allemagne. Le miel et la cire qu'on exporte par les ports de la mer Noire, sont des produits de la Crimée, où ils sont apportés par les habitans du nord du Caucase. Le miel de Crimée étoit autrefois préféré, pour la table du grand seigneur, à celui du reste de ses états. Il se distingue par sa douceur et son parfum.

Sel.

De tout le règne minéral, le sel est presque le seul produit qui soit de quelque importance dans le commerce de la Tauride. La moitié à peu près de cette péninsule, savoir depuis l'Isthme jusqu'à la rivière de Salgir, repose sur un immense magasin de sel. Tous les lacs de ce district, au nombre de trente, donnent le plus beau sel de cuisine. Parmi eux, on en distingue particulièrement trois près de Pérécop; plus loin un plus grand au nord, et un autre au sud d'Eupatoria. Les lacs voisins de Pérécop ont la préférence. Le sel devient solide et se cristalise sur la surface de l'eau, à la chaleur du soleil des mois de juin, juillet et août. Ces salins rappellent ceux d'Aigues-Mortes.

Il y en a de semblables dans la péninsule de Kertsch. Ces salins, dans les temps les plus anciens, étoient d'un grand produit pour leurs propriétaires; les kans de Crimée en tiroient des revenus importans. Nous

voyons dans le second volume du voyage de
Guldenstædt, qu'en 1773 un Grec payoit
annuellement au kan, pour les salins de Pérécop, une somme de quatorze mille roubles. Cette ferme n'étoit à si bas prix qu'à
cause de la guerre.

On conduit ce sel à Constantinople, en Natolie et en Ukraine. Il est libre à chacun d'en
tirer, moyennant une redevance de dix roubles à la couronne, pour chaque charretée.
La charrette doit avoir la mesure pres-
crite, et être attelée de deux bœufs. On extrait annuellement, à peu près, deux cent
mille charrettes de cette espèce, pour l'U-
kraine seulement. Il s'en exporte beaucoup
par la mer Noire.

Bois de construction et autres.

Il est très-intéressant pour le commerce de
connoître ce qu'il peut espérer, en bois de
construction et autres, des provinces méridionales. En général, elles laissent à désirer
sur ce point. Les contrées au nord, sur le
Don et le Dnieper supérieurs, sont les plus
riches en forêts. Ainsi les bords du Don, au
confluent de la Medwediza, les bords de la
Medwediza et du Choper, sont couverts de

bois à feuillages, particulièrement de chênes qu'on exporte en assez grande quantité sur le Don à Tscherkask, et qui sont envoyés de là dans la mer d'Azow.

Les pays voisins de la source du Don, en passant par Staradub jusqu'au Dnieper, ont aussi des bois considérables. On en tire beaucoup de mâts pour Riga, malgré la longueur et la cherté du transport. Ils ont été si recherchés pour leurs qualités, que leur nombre est aujourd'hui bien diminué. Le bénéfice qu'ils procurent seroit plus considérable pour le vendeur, et le prix beaucoup moindre pour l'acheteur, si l'on prenoit la voie de la mer Noire.

Dans le sol sabloneux de la Seima, aux environs de Baturin, plus loin sur la Koropez et la Desna, on trouve des bois composés, en plus grande partie, de pins et de bouleaux. Au sud de Kiow, se termine la région des pins et des bouleaux.

Le bord occidental du Dnieper, depuis Mohilow jusqu'aux environs de Kiow, et les contrées situées sur la Berezina et la Przypiec, sont très-boisés, ainsi que les provinces russes-polonaises plus au sud. Lorsqu'on s'approche du Dniester, les forêts à grands arbres diminuent. L'Ukraine a cependant, outre les pins et les sapins, une quantité assez considérable de chênes, de hêtres, de frênes, de tilleuls, d'ormeaux, de bouleaux, etc.

Près d'Elizabethgorod et dans la Nouvelle-Servie, on s'est occupé, depuis l'établissement des nouvelles colonies, de l'ensemencement et de l'aménagement des bois. Ceux qu'on y trouve aujourd'hui sont les plus beaux. On distingue le *grand bois* situé au midi du ruisseau de Zybelnik, près de sa source; un autre avec la même dénomination (*Weli-koi-less*, grand bois) près de Janowka, et celui qu'on appelle *la forêt noire*. Mais ces bois n'ont guères plus de deux lieues de long sur une lieue de large. Ils appartiennent à la couronne, et ils sont assez soignés. Le bois de chantier n'est employé qu'au besoin.

Par l'union des provinces du sud de la Pologne avec la Russie, les provinces russes ont beaucoup gagné sous le rapport du bois, parce qu'il y en a beaucoup dans les premières.

Entre le Bog et le Dniester, il n'y en a point.

Les districts sur la rive occidentale du Dnieper inférieur, ont, en comparaison de ceux de la rive orientale, de grandes forêts;

je dis en comparaison, car tout l'espace compris dans une ligne tirée de Krementschug au Dnieper, jusques sur le Don, et de là jusqu'en Crimée et à la mer d'Azow, est entièrement dépourvu de bois. On trouve bien quelques arbres de différentes essences sur les bords des fleuves, mais ils ne suffisent pas même pour les besoins de la charpente. Dans quelques endroits, comme sur le Worskla, on est obligé d'employer des peupliers et des bois aussi peu solides pour la bâtisse.

Au nord de cette ligne, à la source de l'Orel et du Don, surtout dans la province de Charkow, il y a des forêts considérables, abondantes en chênes d'une excellente qualité, et en arbres des essences les plus utiles.

Les bois sont également superbes et abondans sur les bords du Mius et des rivières qui s'y joignent. C'est de ce point que Taganrok, Rostowa et Azow tirent, en grande partie, le bois qui leur est nécessaire. L'essence de chêne y domine.

Au reste, toutes ces forêts consistent principalement en bois à feuillages ; on trouve seulement des pins et des sapins dans quelques endroits sablonneux, sur la rive droite du Donez.

Les plaines de la Tauride ne sont pas boisées ; la partie montueuse est, au contraire, couverte des plus beaux bois, qui fournissent abondamment pour brûler et bâtir, et même pour la construction des vaisseaux.

L'île de Taman manque de bois, ainsi que les districts qui sont sur les deux rives du Cuban inférieur. Ils tirent leur provision du bois connu 'sous le nom de *forêt noire* (*Tscharnoi-Less*), situé près de Pawlowskoi, et qui touche au Cuban. Ce bois a plus de dix lieues de long sur cinq lieues de large.

· Après avoir tracé le tableau des forêts de la Russie méridionale, je pense qu'il ne peut pas être inutile au commerce de connoître les principales essences d'arbres qu'elles fournissent.

1 Le chêne domine dans toutes celles de l'Ukraine, et même dans quelques autres, comme je l'ai indiqué. Il donne un excellent bois pour la charpente et pour la construction navale, et une quantité considérable de noix de galle. Le *Quercus cerris* est très-commun dans la Crimée méridionale, sur les montagnes entre Inkermann et Baciesarai, et il atteint une grandeur extraordinaire. Il fournit aussi de la noix de galle.

2 L'érable commun (*Acer campestre*) est

un arbre abondant dans la Russie méridionale ; il est fort grand dans la Crimée. On
trouve fréquemment l'érable de Tatarie
(*Acer Tataricum*) sur les bords du Don ,
du Donez , dans la Nouvelle-Russie et sur le
Bog. Ce bel arbre s'élève, sur-tout dans la
Nouvelle-Russie, à une grande hauteur ; il
file droit et présente une pyramide à quatre
faces. On trouve aussi, dans la Russie méridionale, quelques autres espèces d'érables ,
mais moins communément.

3 Le hêtre (*Fagus sylvatica*) se rencontre dans toutes les provinces méridionales de
la Russie, et surtout en Tauride où il atteint
une grande élévation.

4 Le charme commun (*Carpinus - Be-
tulus*) est rangé parmi les grands arbres
forestiers de la Nouvelle - Russie et de la
Tauride.

5 Le tilleul (*Tilia*) est un arbre très-
utile dans la Russie centrale, et dans une
partie de l'Ukraine. On en fait des mâtures
qui sont l'objet d'un commerce assez considérable. Il est plus rare en Tauride, mais il
y acquiert une élévation et un diamètre extraordinaires.

6 Le frêne (*Fraxinus excelsior*) est un

arbre forestier très-commun dans la Russie méridionale, où il s'élève jusqu'à cent pieds. *Hablizl* prétend, que dans la Tauride, on trouve le frène à manne de Calabre.

7 Le bouleau (*Betula alba*) est rare dans la Russie méridionale ; mais l'aulne (*Betula-Alnus*) est très-commun dans les endroits bas et marécageux.

8 Le peuplier noir (*Populus nigra*) acquiert une telle grosseur sur le Don, qu'on fait des canots d'un seul tronc de cet arbre. Le peuplier blanc (*Populus alba*) se montre souvent sur les bords des rivières.

9 L'orme (*Ulmus campestris*) est commun. Il coule de ses feuilles, en été, un suc que l'on emploie dans la médecine, à la place de la manne. L'orme nain (*Ulmus pumila*) de laRussie méridionale, ne mérite guères ce nom, car il atteint une hauteur assez considérable.

10 La bourdaine ou le nerprun-bourdainier (*Rhamnus frangula*), est commun dans la Russie méridionale et en Tauride. Le nerprun-paliure ou à épines (*Rhamnus paliurus*), se trouve dans les bois de cette dernière province, situés sur la montagne. On le coupe ordinairement pour en faire des

haies mortes ; il conviendroit sans doute beaucoup mieux pour des haies vives.

11 La viorne cotonneuse (*Viburnum lan-
tana*) qui n'est qu'un buisson dans la Nouvelle-Russie et la Tauride, fournit ces beaux
tuyaux de pipes courbes , communément
appelés *Orduins*, et dont il se fait un assez
grand commerce.

12 L'if (*Taxus baccata*) s'élève sans culture à une assez grande hauteur, et acquiert
une grosseur extraordinaire en Tauride. On
en débite le bois pour la menuiserie, et il
est très-recherché.

Plantes économiques.

La Russie méridionale est, comme on l'a
vu, susceptible d'un grand nombre de productions naturelles qui peuvent donner des
bénéfices à son commerce. Il faut comprendre, parmi ces produits intéressans, les
plantes qui servent aux arts et aux manufactures.

Je mettrai au premier rang le lin. Ce produit qui enrichit la Russie septentrionale,
réussit moins bien au sud; cependant il a
assez de succès au nord de l'Ukraine, et dans
le district d'Elizabethgorod. On le paie ordi-

nairement un rouble le pud (seize demi kilogrames). On l'exporte principalement en
Crimée où il se vend beaucoup plus cher. Il
y a en Crimée même, dans le voisinage de
la mer, depuis Baluklawa jusqu'à Kaffa, une
sorte de lin gris qui est très-estimé.

Le chanvre est un produit principal pour
tout le Dnieper inférieur. La plus grande
partie se transporte en Crimée où l'on en cultive peu. Celui du nord de l'Ukraine, qui est si
abondante, va presque tout à Riga et à Pétersbourg. L'excellence de ce chanvre est connue.

On cultive beaucoup le tabac en Ukraine,
et il égale presque celui de Virginie. La plus
grande partie s'exporte sans être préparée. Il
n'y a, dans l'Empire, que deux ou trois endroits où l'on fabrique le tabac en poudre qui
passe en Sibérie.

La Russie méridionale fournit deux espèces
de pastel, l'*isatis tinctoria* et l'*isatis angusti-
folia* : mais en général ces plantes y croissent
sans culture. Jusqu'à présent on n'a essayé
de les cultiver qu'aux environs de Woronesch. Ainsi, ce qui pourroit être l'objet d'un
grand commerce, ne donne aucun produit.

La garance (*Rubia tinctorum*), croît
dans la Tauride et dans quelques autres par-

20

ties de la Russie méridionale; mais elle n'est point cultivée.

Le safran (*Crocus sativus*), se trouve çà et là, dans quelques jardins de ces provinces, particulièrement aux environs de Woronesch. Il conviendroit merveilleusement dans les montagnes de la Tauride; mais sa culture est entièrement négligée, et les Russes en paient annuellement, à l'étranger, pour plus de vingt-cinq mille roubles. Le safran bâtard (*Carthamus tinctorius*), et la gaude (*Reseda luteola*) sont également négligés, quoique leur culture réussisse très-bien, particulièrement en Ukraine, et qu'ils croissent naturellement.

Le sumac fustet (*Rhus cotinus*) est très-commun; il sert à préparer les maroquins. Il se vend depuis un demi rouble jusqu'à un rouble le pud (seize demi kilogrames). Le sumac (*Rhus coriaria*) croît sans culture dans les montagnes de la Tauride.

L'épine-vinette (*Berberis vulgaris*) est commune dans la partie inférieure du Don ; en Tauride, dans la Nouvelle-Russie et sur les bords de la Medwediza. On l'emploie à Astrachan pour les maroquins jaunes, et pour les soies. On en paie le quintal un rouble

Les soudes sont très-communes dans les salins de la Tauride, sur les bords de la mer d'Azow, et sur les côtes de la mer Noire. On y en compte jusqu'à sept espèces; mais on n'en a encore employé aucune dans la Russie méridionale. La soude d'Astrachan ne vaut rien, parce qu'on ne sait pas la préparer, et qu'elle est mélangée de plantes qui nuisent à sa qualité.

Ports de la mer Noire et de la mer d'Azow.

Gadschibey ou Hadschibey, que l'on appelle aussi Codjeabai, fut déclaré port militaire et marchand, par un ukase du 27 mai 1794. Il est situé à trois lieues au nord de l'embouchure du Dniester, dans la mer Noire. On le regarde comme un port très-sûr, qui, dans tous les temps de l'année, peut recevoir à l'ancre, les plus grands vaisseaux. Il deviendroit fort important pour le commerce, si la navigation du Dniester se perfectionnoit et devenoit plus active.

Oczakow et Kinburn renferment tous deux le liman ou lac marécageux que forme le Dniester à son embouchure. Oczakow est très commode pour le commerce, mais son

port n'est pas assez sûr pour offrir un bon hivernage aux bâtimens, parce que le cours des
glaces du Bog et du Dnieper les met en danger.

La nouvelle ville fortifiée de Cherson, sur
le Dnieper, a été destinée à être la ville centrale du commerce de la Russie méridionale,
depuis la conquête de la Tauride. Il paroît
difficile qu'elle conserve cette destination,
parce que la sécheresse du lac marécageux
que forme l'embouchure du fleuve, ne permet pas aux bâtimens d'arriver jusqu'à la
ville. On est obligé de les charger et déchar-
ger dans la rade d'Oczakow. Ce sera toujours
une étape pour le commerce du Dnieper.

Nikolajew a un port capable de contenir
une grande partie de la flotte de la mer Noire.

Kinbrun ou Kilborun, sur une pointe de
terre, vis-à-vis d'Oczakow, sert beaucoup
plus à protéger l'embouchure du Dnieper,
qu'à faire l'office d'un port.

Les ports de la péninsule de la Tauride, sont:

Eupatoria ou Goslew, sur la côte occidentale de cette péninsule. Le port est fort grand,
mais il n'est pas assez sûr pour l'hiver. Cependant il est très-fréquenté par le commerce.

Sebastopol ou Sewastopol, situé aussi sur
la côte occidentale, offre un port très-étendu

et très-sûr, formé par un petit golfe. Cependant il est plus fréquenté par la marine militaire que par la marine marchande, parce qu'il ne peut présenter que très-peu d'articles d'exportation.

Baluklawa, sur la côte méridionale. C'est le meilleur et le plus sûr de tous les ports de la mer Noire. Son entrée est si étroite, qu'à peine deux vaisseaux peuvent y passer de front, tandis qu'il a une étendue capable de contenir depuis soixante jusqu'à quatre-vingts bâtimens, et une profondeur suffisante pour les vaisseaux de guerre.

Sudak, à l'est des précédens, a aussi un grand port, mais, à l'exception d'un peu de vin, on n'y trouve aucun objet d'exportation.

Kaffa, aujourd'hui Feodosia' et Théodosia, a le plus grand port de la Tauride. Il peut contenir jusqu'à deux cents bâtimens; mais l'hivernage n'y est pas assez sûr. C'étoit autrefois la place de commerce la plus importante de la péninsule. On y achetoit entr'autres de jeunes et belles Circassiennes, dont quelques-unes se payoient jusqu'à sept mille piastres. Le commerce y est bien tombé.

Kertsch, au sud-est de la presque île qui

se sépare de celle de la Tauride. C'est un des ports les plus sûrs, même pendant l'hiver. Cette ville est la clef de la mer Noire et de la mer d'Azow.

Jenikoli, petite ville sur le même détroit, au nord-est de Kertsch, renommée surtout par son commerce de poissons; mais elle n'a point de port.

Taganrok, regardé autrefois comme le principal port de la mer d'Azow, a perdu son importance depuis l'occupation de la Tauride, parce qu'il n'a pas assez de profondeur. Cependant les exportations de cette ville sont encore considérables, parce qu'elles proviennent du Don et des provinces situées au nord.

Azow ne deviendra ville de commerce que lorsque l'embouchure du Don, et surtout le bras de ce fleuve sur lequel cette ville est située, seront rendus navigables pour de plus grands bâtimens. Aujourd'hui Azow mérite à peine d'être comptée parmi les villes de commerce.

Phanagoria, Taman ou Ataman, a une rade et un port très-peu sûrs, et ne pourra jamais être comptée que parmi les villes de commerce du second ordre dans le pays.

Exportations de la Russie par la mer Noire et la mer d'Azow.

Je ne pourrois donner que des renseignemens incomplets et beaucoup trop vagues sur
ces exportations, si je me contentois de répéter ce qu'en ont dit quelques auteurs français
ou étrangers, sans justifier leurs assertions
par des pièces positives. Le commerce a besoin, pour s'éclairer et se diriger, qu'on lui
présente des détails, pour ainsi dire, officiels.

Il seroit à désirer que je pusse rapporter ici
les listes d'exportations russes par la mer
Noire pendant plusieurs années consécutives; mais des documens si étendus me manquent, ou je ne les ai pas assez complets pour
qu'ils soient utiles.

Cependant j'ai trouvé dans le *Journal de
Russie*, du mois d'octobre 1794, une liste
de l'exportation des différens ports de la mer
Noire en 1793, et heureusement je l'ai con-
servée. Elle m'a toujours paru très-curieuse,
parce qu'elle fait connoître ce qu'étoient les
exportations russes dans l'une des premières
années où les Russes se livroient, avec une
sorte d'enthousiasme, au commerce de la
mer Noire qu'ils venoient de conquérir, et

que les circonstances politiques n'ont pas permis à ce commerce de prendre une beaucoup plus grande extension depuis cette époque.

Liste d'exportation du commerce russe de la mer Noire, en 1793.

TAGANROK.

	valeur. roubles.
Souliers, bottes, pantoufles et souliers fourrés, 10 puds.	10
Cables et cordes, 4885 puds.	6,133
Cires et bougies, 115 puds.	2,112
Fers à repasser, chaudières et autres ustensiles de fonte, 9 puds.	196
Fer en barres, 83,825 puds.	111,642
Caviar, 22,620 puds.	89,860
Veaux, chèvres et autres cuirs tannés, 100 peaux.	96
Cuir mégissé et de semelles, 129 puds.	1,542
Os de mammout et défenses, 140 puds.	4,500
Étoupes de lin, 80 puds.	56
Poutres et solives de toute espèce, 110 pièces.	190
Différentes espèces de bois.	142
Chanvre et huile de lin, 140 puds.	140
Beurre, 12,097 puds.	65,967
De cette part.	282,586

valeur. roubles.

De l'autre part.	282,586
Savon, 67 puds.	251
Miel et sirop, 50 puds.	200
Renards et peaux de martres, 22 peaux.	22
Hermines et autres renards, 117 peaux.	281
Petit-gris, 100 peaux, 4 sacs. . . .	21
Lièvres et chats blancs, 1550 peaux.	140
Lièvres gris, 3695 peaux.	4,711
Manchons et autres pelleteries. . . .	612
Toile fine, 1,500 arschines.	105
Toile grossière pour sacs, 26,500 arschines.	1,060
Toile à voiles, 36 pièces.	432
Coutil, 270 arschines.	68
Rhubarbe, 3 puds.	75
Poissons, 1,190 puds.	1,250
Suif, 690 puds.	2,090
Chandelles, 246 puds	1,018
Poix et résine, 335 puds.	386
Tabacs, 275 puds.	347
Froment et farine de froment 32,313 tschetwerts.	121,045
Gruau, 386 tschetwerts.	1,620
Laine, 2953 puds.	5,592
Roussi, 269 puds.	3,063
Différentes merceries.	1,112
TOTAL de l'exportation de Taganrok.	428,087

EUPATORIA.

	valeur. roubles.
Cables et cordages (1) 180 puds. . .	270
Cire et bougie, 292 puds.	2,920
Fers à repasser, chaudières , etc. , 75 puds.	150
Fer en barres, 3,450 puds.	7590
Caviar, 122 puds.	610
Colle de poisson , colle forte 2 ½ p. .	8
Colle commune , 85 puds.	170
Beurre, 6,372 puds.	31,860
Miel et sirop , 412 puds.	1,640
Lièvres blancs et chats, 1,300 peaux, 179 sacs.	511
Lièvres gris , 375 peaux.	455
Étoupes de chanvre , 10 puds. . . .	15
Toile fine (2) , 10,000 arschines. . .	1,000

De cette part. 47,199

(1) Ils sont apportés du Dnieper inférieur en Crimée. Avant l'occupation de cette péninsule , les Russes , ou plutôt les Cosaques, y apportoient déjà leurs cables et leurs cordages. Le pud s'y vendoit une piastre et demie, et les plus gros avoient un pouce et demi ou deux pouces de diamètre.

(2) Ce qu'on appelle ici toile fine , est une toile très-étroite , qui a à peine trois arschines de largeur, et l'arschine ne revient qu'à sept kopecs (environ trente-cinq centimes ou sept sous). On peut juger par là de sa finesse. Cependant il paroît qu'il y a une faute dans la liste d'exportation de Taganrok ou dans celle d'Eupatoria. A Taganrok, cette toile fine est comptée à sept

	valeur.	roubles.
De l'autre part.		47,199
Toile grossière, 56,650 arschines. . .		3,399
Toile à serviettes, ordinaire, 500 arsch.		75
Toile à voiles (1), 36 pièces.		218
Coutil, 6,600 arschines.		1,980
Rhubarbe, 1 pud.		20
Poissons, 1,165 puds.		1,398
Chandelles, 206 puds.		1,233
Sel, 101,694 tschetwerts.		14,251
Graine de lin, 15 tschetwerts. . . .		54
Tabac, 7 puds.		42
Queues de cheval, 2000 pièces. . . .		200
Froment et farine, 52,550 tschet. . .		210,200
Laine (2), 16,178 puds.		32,356

De cette part. 312,625

kopecs l'arschine, et ici à dix. On pourroit cependant supposer qu'elle a été moins recherchée dans le premier de ces ports que dans l'autre, ce qui suffiroit pour établir une différence de prix.

La toile grossière, qui l'est beaucoup en effet, va ordinairement à Constantinople. Les Tatars de Crimée s'en servent fréquemment pour doubler leurs bottes.

(1) Ou cette donnée n'est pas exacte, ou celle de la liste de Taganrok est fautive. Cette dernière porte à douze roubles la pièce de toile à voiles; ici elle n'est comptée que pour six et demi roubles. Une pareille différence ne peut pas s'expliquer dans deux ports si voisins.

(2) Cette laine vient, en plus grande partie, du pays des Nogais et de la Crimée. Elle est assez grossière. La laine de Crimée a ordinairement un tiers de laine noire.

valeur. roubles.

De l'autre part.	312,625
Cuir mégissé et à semelles, 1,215 p.	13,395
Peaux de veaux et de chèvres, 50 pièces.	15
Roussi, 17 puds.	595
Différentes merceries.	7,760
TOTAL de l'exportation d'Eupatoria.	334,390

OCZAKOW (1).

Fer en barres, 150 puds.	150
Lin de la seconde sorte, 5 puds. . .	4
Beurre, 202 puds.	866
Chanvre de la troisième sorte 400 p.	600
Suif, 10 puds.	20
Graine de lin, 3 tschetwerts.	15
Froment et farine, 46,615 tschetwerts.	207,391
Orge et farine d'orge, 150 puds. . .	2,225
Roussi, 4 puds.	50
TOTAL de l'exportation d'Oczakow.	209,321

(1) Toutes les marchandises qu'Oczakow exporte sont des produits des bords du Dnieper, des provinces polonaises russes et du gouvernement de Wosnesensk. Les environs d'Oczakow ne peuvent donner que du froment, de l'orge et du millet, dont la quantité suffit à peine aux habitans.

CHERSON.

	valeur. roubles.
Cables et cordages, 2,225 puds...	7,003
Cire et bougie, 92 puds...	1,726
Fer en barres, 7,315 puds...	13,164
Fer assorti, 100 puds...	90
Caviar, 280 puds...	1,204
Voitures, calèches, etc...	1,500
Os de mammout et défenses 5 puds.	200
Lin de troisième sorte, 8 puds...	28
Chanvre et huile de lin, 308 puds.	81
Beurre, 2,160 puds...	10,408
Miel et sirop, 30 puds...	150
Savon, 500 puds...	300
Petit-gris, 3,200 peaux...	320
Lièvres blancs et chats, 400 peaux..	50
Viande et langues, 572 puds...	1,065
Chanvre seconde sorte, 15 puds...	53
Chanvre troisième sorte, 1,025 puds.	2,124
Poissons, 251 puds...	899
Suif, 2,742 puds...	11,026
Chandelle, 996 puds...	4,768
Graine de lin, 279 tschetwerts....	852
Froment et farine, 21,801 tschetw...	84,125
Orge et farine d'orge, 30 tschetwerts.	67
Pois, 30 tschewerts...	83
Laine, 1589 puds...	4,731
Roussi, 24 puds...	460
Différentes merceries...	85
TOTAL de l'exportation de Cherson.	147,292

D'après la valeur des marchandises qui composent cette liste, on jugeroit le commerce d'Oczakow supérieur à celui de Cherson, quoique ce dernier port soit, en général, plus abondamment assorti, et qu'il puisse avoir plus de marchandises de la première main. Mais le défaut de profondeur du Liman ou lac marécageux que forme l'embouchure du fleuve, ne permet pas, comme je l'ai dit plus haut, que les bâtimens de commerce un peu grands abondent à Cherson. Les négocians trouvent alors plus commode de faire charger leurs navires dans les ports de la Tauride. Il en est même plusieurs, tant nationaux qu'étrangers, qui s'étoient d'abord établis à Cherson, et qui ont transporté leur établissement dans les ports de la Crimée.

KAFFA, FEODOSIA, OU THEODOSIA.

	valeur. roubles.
Cire et bougie, 1 pud.	12
Fers à repasser, chandières, etc. 5 p.	10
Fer en barres, 7,240 puds.	12,480
Caviar, 158 puds	387
Colle de poisson, colle forte, 4 p.	8
Cuir mégissé et à semelles, 74 puds.	623
De cette part.	13,520

valeur. *roubles.*

De l'autre part.	13,520
Beurre, 110 puds.	499
Miel et sirop, 118 puds.	672
Toile fine, 1500 arschines.	105
Coutil, 200 arschines.	60
Potasse, seconde sorte, 1,196 puds.	1,196
Poissons, 256 puds.	1,241
Chandelle, 3 puds.	18
Sel, 16,401 tschetwerts.	2,296
Froment et farine, 8,781 tschetwerts.	31,377
Laine, 2,836 puds.	2,836
Différentes marchandises.	441

TOTAL des exportations de Kaffa. . . 54,261

Ce foible résultat doit bien étonner ceux qui ignorent le degré de la décadence de la ville et du commerce de Kaffa, de cette ville qui possédoit encore, du temps de *Peysson-nel*, quatre-vingt mille habitans. Elle n'en avoit plus, il y a quelques années, que huit mille. Elle recevoit autrefois une grande quantité de bâtimens du sud, de l'est et de l'ouest des côtes de la mer Noire. Le commerce y est maintenant tout entier dans la main des Russes.

KERTSCH.

	valeur. roubles.
Caviar, 19 puds.	74
Poissons, 1,836 puds..	2,860
Sel, 50,185 tschetwerts.	7,026
Total de l'exportation de Kertsch.	9,960

IENIKOLI.

Cables et cordages, 40 puds.	80
Fers à repasser, chaudières, etc. 15 p.	30
Fer en barres, 10 puds.	15
Caviar, 450 puds.	1,414
Cuir mégissé et à semelles, 5 puds.	15
Viande et langues, 20 puds.	40
Poissons, 2,262 puds.	2,486
Suif, 60 puds.	120
Chandelle, 15 puds.	60
Laine, 15 puds.	6
Roussi, 3 puds.	30
Différentes marchandises.	24
Total de l'exportation d'Ienikoli. .	4,322

SEBASTOPOL, OU SEVASTOPOL.

Caviar, 42 puds.	270
Suif, 401 puds.	588
Total de l'exportation de Sebastopol.	858

En rapprochant les exportations de chacun des ports qu'on vient de passer en revue,
on trouve que l'exportation totale des ports
de la mer Noire, a été, pour l'empire de Russie, en 1793, de la valeur d'un million cent
quatre-vingt-sept mille quarante-neuf roubles, somme bien disproportionnée à la richesse et à l'abondance des produits de ses
provinces méridionales.

Si l'on retiroit encore de cette somme la
valeur de quelques-uns de ces produits qui
appartiennent aux provinces du nord ou du
centre, on ne trouveroit pas la valeur d'un
million de roubles pour les pays russes plus
voisins de la mer Noire, pays qui sont cependant distingués par leur fertilité, et même
quelques-uns par leur population, si on la
compare à celle des autres.

Il me semble que ces faits justifient pleinement les réflexions que j'ai déjà faites sur
les moyens que doit employer le gouvernement Russe, pour redonner la vie à cette
partie intéressante de ses Etats. Le succès
en sera d'autant plus assuré, que ce commerce a déjà beaucoup gagné en sept ans,
par la seule force des choses. La valeur
de son exportation totale, en 1786, fut

de cinq cent dix-neuf mille huit cent onze
roubles.

Cet agrandissement de commerce, qui en-
richiroit et peupleroit la Russie méridionale,
seroit également utile aux nations qui com-
merceroient avec elle, et il pourroit changer
avantageusement la face du commerce dans
le midi de l'Europe.

Villes de commerce de la Russie méri- *dionale.*

Cette portion de la Russie a trop peu de
villes intérieures qui achètent d'abord les produits du pays, pour les faire passer ensuite
aux ports de mer. Ces villes doivent servir
d'étapes ou d'entrepôts pour de plus grandes
villes, et conserver ainsi de plus petites mas-
ses de produits, pour les ajouter, dans l'occasion, aux plus grandes.

Les villes de Smolensko et de Mohilow semblent destinées à devenir, en quelque sorte,
le centre du commerce de la mer Noire,
et elles y trouveroient de grands avantages;
mais comme jusqu'à présent ce commerce
a été nul ou si médiocre, qu'il ne peut pas
encourager les spéculateurs, elles dirigent,

partie à Riga, partie à Pétersbourg, les produits de leurs provinces.

Vient ensuite Kiow. Cette ville, par sa situation sur le bord d'un grand fleuve, au milieu des provinces les plus fertiles, est appelée au rang d'une des premières villes du commerce russe. Cependant ce n'est, sous ce rapport, qu'une ville du second ou du troisième ordre.

Le commerce de Neschin, ville du gouvernement de Tschernikow, au nord-est de Kiow, est beaucoup plus important. On y trouve des entrepôts de toutes les marchandises russes, et de tous les produits qui viennent de la Crimée, de la Turquie, de la Moldavie, de la Valachie, de la Pologne et de l'Allemagne. Ce commerce est, en plus grande partie, dans la main des Grecs. C'est de Neschin qu'on exporte à Dantzig, en Silésie et à Leipzig, des fourrures, des cuirs, de la cire, de la colle forte et des soies de cochon, que l'on échange contre des draps fins et médiocres de Hollande et d'Angleterre, des soieries et des cotonnades françaises et allemandes, des modes et des bijoux. C'est de Neschin que la Moldavie, la Turquie et la Valachie reçoivent des toiles grossières, des four-

rures et des cuirs, pour donner en échange,
des vins, du sel, des épiceries, des drogues, etc. Le commerce de Neschin a cependant éprouvé quelque diminution, mais il
est toujours plus important que celui de
Kiow.

La ville de Charkow a une situation avantageuse pour le commerce, parce qu'elle
peut attirer beaucoup de produits des provinces placées entre le Dnieper et le Don.
Des quatre marchés annuels qui s'y tiennent,
il n'en est que deux assez considérables pour
passer pour des foires. On y amène une grande
quantité de poissons, du caviar du Dnieper,
du Don et du Wolga, des bêtes à cornes et
des bêtes à laine, de la graisse salée et fon-
due, des peaux de cheval et de bœuf crues
et corroyées, des peaux de moutons et d'a-
gneaux, des peaux de lièvres et d'autres animaux, des peaux de mouton cousues par les
Kalmouks ou les Cosaques, du drap gros-
sier, des habits de drap, des tapis de laine,
des laines en suint, de la cire, du miel, des
ouvrages en bois de toutes les espèces, du
lin, de la toile russe, des nattes, de l'huile
de lin, de la poix, des cordes, des fruits secs
de tout genre, des ouvrages en cuivre, du

fer, du verre, etc., des fabriques de la Russie centrale et septentrionale.

La ville de Sümü, dans la même province, à cent soixante-quinze verstes de Charkow, a la même affluence à deux foires annuelles.

Toutes les autres villes un peu considérables de l'Ukraine ne font pas le même commerce. On distingue cependant Pultawa et Krementschug. Pultawa a une belle halle dans laquelle on entrepose, outre les marchandises étrangères, celles qui viennent de la Crimée et de Constantinople. Le commerce de Krementschug, qui est située sur le Dnieper, se fait par des Juifs, des Tatars, des Grecs et des Grusiniens.

Bachmut et Tor, deux villes du gouvernement d'Ekaterinoslaw, faisoient quelque commerce de sel avant la possession de la Crimée. Elles avoient des salines qui sont tombées depuis, parce que les environs manquent de bois pour leur exploitation, et qu'on s'approvisionne de sel en Crimée.

Tscherkask est la seule ville commerçante sur le Don. Tous les Cosaques du Don apportent leurs produits, surtout des poissons, des peaux, du suif, de la cire, du miel, etc., à Tscherkask ou à Taganrok.

Azow ne compte plus maintenant parmi les villes de commerce. En 1775, on en exporta une valeur de cent neuf roubles trente kopeks, et on y importa une valeur de sept roubles vingt kopeks. Temernikow, au contraire, eut, cette même année, une exportation de la valeur de soixante-dix-sept mille cinq cent quarante-cinq roubles un demi kopek, et une importation de soixante-dixneuf mille sept cent huit roubles soixantedix trois-quarts kopeks. Ce commerce est maintenant transporté à Taganrok.

Woronesch, sur la rivière de ce nom, qui se jette dans le Don, peut passer pour une ville de commerce. On y embarque différens produits destinés au commerce de la mer Noire.

Si l'on adoptoit les moyens de faire fleurir le commerce dans la Russie méridionale, la situation politique actuelle de l'Europe changeroit le commerce des provinces polonaises-russes de l'Ukraine, qui font aujourd'hui passer une grande partie de leurs produits à Lublin, Cracovie, Elbing, Dantzig, et, par la Gallicie, en Allemagne. Elles trouveroient de plus grands avantages à diriger leurs envois vers la mer Noire.

Le commerce français y trouveroit également son compte, parce que ces produits sont presque tous des matières premières qu'il obtiendroit à meilleur marché ; et qu'il auroit à offrir aussi, à meilleur marché, un plus grand nombre d'objets d'échanges qu'aucune autre nation de l'Europe. Ses draps, ses soieries, ses cotonnades, en formeroient la plus grande partie. Cette nouvelle direction des affaires procureroit certainement de nouveaux débouchés à ses vins, tels que ceux des Pyrénées orientales, de la Gironde, du Gard, de l'Hérault, du Var, de la Côte-d'Or et de la Marne.

En un mot, le plus grand intérêt de la Russie est de donner toute l'activité possible à son commerce de la mer Noire, et le plus grand intérêt de la France est que la Russie prenne les moyens nécessaires pour y parvenir.

§ II.

Quel peut être le commerce de la France avec la Russie? Quels sont les ports qui devroient prendre part à ce commerce? Quels sont les principaux produits industriels de la France qui conviennent à la Russie? Conclusion.

L'ouverture de la mer Noire aux vaisseaux français, changera entièrement pour nous la face du commerce, je ne dis pas seulement de l'Italie et du Levant, mais même du Nord, parce qu'elle présente un nouveau point de vue à nos relations avec la Russie.

Cette nouvelle route deviendra particulièrement utile aux départemens les plus industrieux et les plus riches de la France. Ils verseront leurs produits en Russie, par la Méditerranée et par la mer Noire, à bien moins de frais que par la Baltique.

Les Russes, de leur côté, donneront la même direction à celles de leurs productions qui nous intéressent le plus, parce que la plupart de leurs grands fleuves coulent du nord au midi, et que les transports deviendront ainsi, pour eux-mêmes, moins longs est moins coûteux.

Cette révolution importante ne peut pas s'opérer en un moment; elle se fera peu à peu, et ses progrès seront d'autant plus rapides, que la Russie fera plus d'efforts pour vivifier son commerce intérieur, et que le commerce françois aura plus d'expérience des avantages que lui procurera cette nouvelle direction.

Mais nous devons nous attendre que les Anglais s'y opposeront de tous leurs moyens. Que n'ont-ils pas entrepris pour nous priver de tout ce qui pouvoit faciliter notre commerce avec la Russie par le Nord? Que n'essayeront-ils pas pour empêcher ou entraver le commerce beaucoup plus avantageux que nous ferions avec cette puissance, par la mer Noire, parce qu'ils sentent qu'ils ne peuvent jamais nous rivaliser dans ces parages. Ils aperçoivent que cette nouvelle direction commerciale nous fera gagner l'approvisionnement facile et moins dispendieux de nos ports de la Méditerranée, que ces approvisionnemens seront en sûreté pendant la guerre, que nos manufactures du Midi auront un écoulement direct et plus considérable en Russie, en Pologne et par le Danube; que, par suite, la mer d'Azow, la mer

Caspienne et la Perse pourront nous offrir de nouveaux débouchés.

Mais le génie de celui qui nous gouverne, nous a placés dans une position politique qui ne nous permet plus de redouter l'or et les intrigues de l'Angleterre ; notre cause est devenue celle de toutes les nations ; NAPO-LÉON est le sauveur du commerce univer-sel ; il est le régulateur de sa balance ; il ré-duira les Anglais à leur légitime, que leur industrie et leur activité peuvent rendre en-core assez importante ; il veut que toutes les nations jouissent des mêmes droits, et qu'il n'y ait désormais , pour le commerce, d'au-tre domination reconnue que celle qui s'éta-blit naturellement par la richesse et l'éten-due du sol, par la situation respective de deux nations qui font des échanges mutuels , par l'activité et la perfection de l'industrie , par la propagation des lumières, et par le degré de civilisation.

Ports de France qui doivent prendre part au commerce de Russie , par le Nord et par le Midi.

Je n'entreprendrai point ici de passer en revue tous les ports commerciaux de la

France. Il en est très-peu qui ne puissent directement ou indirectement participer au commerce de Russie. Il me suffira d'indiquer les plus essentiels; l'exemple qu'ils donneront d'un commerce actif par les deux voies qui nous seront ouvertes, imprimera aux autres le mouvement qui conviendra le mieux à leurs intérêts.

Marseille. Je place le port de Marseille à la tête de tous les ports destinés au commerce de la mer Noire. Nulle part, peut-être en France, l'esprit de spéculation n'est aussi répandu que dans cette ville, et, à en juger par l'étendue des relations qu'elle avoit autrefois, c'étoit la plus commerçante de l'Empire. Les échelles du Levant et les côtes de Barbarie, les îles de l'Amérique, les Indes, l'Italie, l'Espagne, la Russie, etc., tout sembloit du domaine de son commerce. Le mouvement total de ce commerce étoit évalué à plus de trois cents millions par an.

Il seroit superflu de répéter ce que j'ai déjà dit dans la première partie de cet Ouvrage; mais il est certain que, dans le nouvel ordre de choses, Marseille est apelée au commerce direct avec la Russie, et que ses négocians ne manqueront point à cet appel.

. *Bordeaux.* Après Marseille, la France n'a
pas de port plus heureusement disposé pour le
commerce que Bordeaux : mais sa brillante
situation, et les avantages que la nature lui a
départis, pourroient augmenter son activité
et les richesses de cette place importante, si
les négocians n'y avoient pas l'habitude de
ne comprendre dans leurs spéculations, que
les produits précieux de leur sol, ceux qui y
sont apportés par la Dordogne et la Garonne,
et les denrées des Colonies. Il y a, sans doute,
dans cette abondance de marchandises, dans
cette multiplicité de transports, de quoi occuper les capitaux du commerce ; mais il n'en
est pas moins vrai que le port de Bordeaux
négligeoit autrefois une branche très-lucra-
tive de commerce, celui qu'il pouvoit faire
avec la Russie.

Ce n'est pas qu'il n'y eût aucune relation
entre ce port et la Russie ; il y avoit m me peu
de places qui en eussent d'aussi considérables.
Mais on y étoit dans l'opinion qu'il falloit laisser aux étrangers, c'est-à-dire, aux Anglais
et aux Hollandais, le soin d'apporter à Bordeaux les productions du Nord en échange
des denrées qui s'y trouvoient.

J'ignore si les négocians de Bordeaux tien-

nent encore à leurs anciennes idées sur le
commerce de Russie ; je sais seulement
que telle étoit autrefois l'opinion de presque
tous.

Dans les bons principes du commerce
c'étoit une erreur bien dangereuse; elle le
seroit encore plus aujourd'hui que le port de
Bordeaux a plus de concurrens pour une
grande partie des denrées qu'on étoit obligé
d'y venir chercher. L'Espagne s'est appau-
vrie autrefois par ses mines, en se condui-
sant d'après cette opinion erronée ; c'est d'a-
près un principe diamétralement opposé ,
que les progrès du commerce anglais ont été
si rapides. L'Angleterre ne se contente pas
de ne pas attendre les bâtimens étrangers,
même pour la vente du petit nombre de denrées qu'elle possède exclusivement; ses échanges se font presque tous par ses bâtimens, et
elle ne néglige jamais l'occasion de les faire
servir à ceux des autres.

L'erreur que je combats a été , en général, funeste à la France, qui lui a dû l'iner-
tie de sa navigation, et la dépendance où ses
manufactures ont été des étrangers. Il en sera
toujours de même tant que le commerce ne
se persuadera pas que le fret ou transport est

le premier de tous les bénéfices, et peut-être le seul bénéfice réel.

Quel étoit donc l'aveuglement des négocians de Bordeaux, qui dédaignoient, en quelque sorte, les relations directes avec la Russie ! Je me persuade que dans une ville où l'on trouve tant de négocians éclairés, cet aveuglement ne pouvoit pas être absolument général ; il falloit cependant qu'il fût invétéré et bien répandu, puisque les marins de ce port regardoient un voyage dans la Baltique, comme peu honorable pour eux.

Et cependant Bordeaux envoyoit annuellement à la Russie, une valeur de quatre à cinq millions au moins, en denrées coloniales, vins, eaux-de-vie, vinaigres et fruits secs.

Je citerai pour exemple du temps où ce préjugé existoit, l'exportation de 1788. Elle se fit par trente-deux vaisseaux dont trente étoient étrangers. Sur ces trente, il y en avoit dix-sept russes ou prétendus tels, c'est-à-dire, dix-sept vaisseaux avec le pavillon russe dont on abusoit étrangement. En mars ou avril de cette année, le *Louis*, de Rouen, capitaine *Bosche*, se trouvoit à Bordeaux. Il étoit chargé d'aller dans le nord extraire des chanvres pour le Gouvernement; il chercha un fret pour aller, et l'offrit à douze florins. Le cours de la place étoit à vingt florins sur les bâtimens avec pavillon russe, et il eut beaucoup de peine à obtenir vingt tonneaux de fret.

Il faut espérer que ce préjugé, que les calculs de l'intérêt particulier ont souvent entretenu, disparoîtra pour jamais, et que le port de Bordeaux retirera du commerce direct avec la Russie, tous les avantages qu'il peut s'en promettre.

Cette. Le port de Cette faisoit des expéditions directes pour Pétersbourg, lorsque Bordeaux sembloit dédaigner d'y commercer directement. En 1788, la même année où Bordeaux laissoit partir, pour ainsi dire, sur leur lest, deux bâtimens français qui alloient chercher des chanvres, le port de Cette expédia six navires pour la Russie.

Ce port est l'un de ceux qui doivent le plus désirer l'activité du commerce de la mer Noire; c'est le port de Montpellier, cette ville industrieuse, qui deviendroit, par cette activité, l'entrepôt des manufactures, des vins et eaux-de-vie, etc., des départemens qui formoient le Languedoc, tous objets de débit en Russie.

Cette est déjà un port fort intéressant par le bon esprit et le zèle de ses négocians, par le concours des bâtimens étrangers qui s'y rendent lorsque le commerce est libre, par les communications faciles qu'il peut avoir avec le Rhône et le canal du Midi, par le voisinage des salins qui offrent l'abondance d'une denrée si utile pour le nord de l'Europe et de l'Amérique.

Le Havre. La situation du Havre, à l'embouchure d'une rivière également sûre et profonde, à proximité des produits d'une industrie très-variée, est l'une des plus avantageuses de l'Europe. Elle paroît surtout très-importante pour le commerce avec Pétersbourg. C'est le débouché naturel des objets de commerce fournis par les départemens de la Seine-Inférieure, de la Somme, de l'Oise, de l'Aisne, de la Seine, de la Marne et de la Côte-d'Or, et la plupart de ces objets conviennent beaucoup à la Russie.

Cependant, jusqu'à présent, les spéculations des habitans du Havre n'ont pas pris cette direction; elles ne se sont occupées que du commerce des îles de l'Amérique, de la côte de Guinée, du Sénégal, de la pêche de la morue, etc., et l'on ne trouve dans la liste des bâtimens marchands reçus ordinairement dans ce port, que des bâtimens des Isles, de Marseille, d'Italie, d'Espagne, de Portugal, de Hollande, d'Angleterre et de quelques pays du nord. Il seroit à souhaiter qu'on encourageât, dans ce port, le commerce de Russie par le nord; le port du Havre y gagneroit beaucoup, et l'industrie de sept à huit départemens de la France y gagneroit encore davantage.

Rouen. Le commerce de Rouen a senti depuis long-temps combien le commerce de Russie pouvoit devenir intéressant pour son industrie, et il l'a éprouvé souvent; mais, quoique les navires caboteurs de Rouen pussent monter jusqu'à Pétersbourg, cette ville se bornoit, dans le temps de la plus grande activité de ce commerce, à faire la commission, et ses commissionnaires ne s'occupoient nullement de faire faire les chargemens sur des navires français. On en a même vu s'y refuser à un prix de fret fort au-dessous de celui des étrangers. Ceux-ci obtenoient, à bon marché, le pavillon Russe, et usurpoient ainsi les priviléges que les deux cours n'a-

n'avoient accordés qu'à leurs sujets réciproques.

Il n'en seroit sûrement pas de même aujourd'hui que le commerce est éclairé par
une longue et fatale expérience. Il n'est aucun négociant qui ne sente que le temps est
arrivé de profiter de la position admirable de
la ville de Rouen, qui, graces à la marée,
peut être considérée comme une ville maritime, puisque, par ce moyen, elle peut recevoir dans son port des bâtimens marchands, et qu'elle offre au commerce des
avantages plus réels que beaucoup de ports,
étant elle-même très-riche en produits du
sol et de l'industrie. Elle réunit, d'ailleurs,
à ces richesses, tous les avantages de l'entrepôt le plus commode.

S. Malo. Il sembleroit que le port de
S. Malo, ne communiquant par aucune rivière navigable avec l'intérieur, placé dans
une position difficile et environnée d'écueils,
ne devroit pas être compté parmi les ports
qui sont appelés à faire un commerce direct
avec la Russie.

Mais quand on pense à la supériorité de
ses marins, qui, accoutumés à voyager au
milieu des rochers, ne craignent aucun dan-

ger, et s'habituent à toutes les mers ; quand on réfléchit à la prodigieuse activité de ses négocians qui triomphent, par leur travail, de tous les obstacles de la nature ; quand on observe enfin qu'un des principaux objets de leur commerce est celui des toiles connues sous le nom de *toiles de Bretagne*, on est tenté de croire que S. Malo est le port de France auquel le commerce de la Baltique conviendroit le mieux.

. Il lui seroit facile de se procurer , par son cabotage, tout ce qui peut servir au commerce du nord de la Russie, et de rapporter en retour les munitions navales que nous tirons de cette contrée du nord, et qui y seroient entreposées mieux que nulle autre part, pour être ensuite versées dans les autres ports de l'Océan, sans la crainte des croisières anglaises.

Le Gouvernement a bien senti la nécessité d'un pareil entrepôt, lorsqu'il a ordonné le canal de communication de Nantes à Brest. « L'établissement de cette grande commu- » nication, » est-il dit dans le rapport général de M. le conseiller d'état, directeur général des Ponts et Chaussées, « présente les moyens » et l'avantage incalculable de fournir faci-

» lement et économiquement à tous les be-
» soins des armées navales dans la ci-devant
» Bretagne.

» Exposés, par leur position, aux croi-
» sières toujours actives de l'ennemi, les
» ports de cette partie de l'Empire n'ont eu
» jusqu'à présent d'autres ressources pour
» s'avitailler en temps de guerre, que les
» transports par terre, qui d'une part cons-
»tituent le trésor public dans des frais énor-
» mes, d'un autre côté sont presque toujours
» insuffisans, ainsi que l'expérience l'a sou-
» vent démontré, et qui, enfin dégradent et
» ruinent les grandes routes ».

Ces considérations puissantes ont engagé
le Gouvernement à ordonner ces beaux ouvrages qui procureront quatre débouchés à
la mer, et qui présenteront ensuite, par la
jonction de la Rance à la Villaine, un em-
branchement sur S. Malo, qui favorisera merveilleusement l'exécution de ce que je propose.

Nantes. Le commerce de Russie est indispensable pour le port de Nantes, quoiqu'on ait été obligé jusqu'à présent de faire,
par Paimbeuf, la plupart des expéditions
qui avoient cette destination, ce qui est un
grand désavantage, à cause du renchérisse-

ment que ce moyen occasionne à la navigation. Aussi la chambre de commerce de cette
ville avoit-elle fait autrefois des réclamations
multipliées, pour obtenir des gratifications
et des exemptions, des diminutions des droits
d'amirauté et d'ancrage, et l'affranchissement de tout droit de sortie sur les cargaisons exportées dans le nord par navires nan-
tais, ainsi qu'une modération des droits d'entrée sur les productions du nord qui y seroient importées par navires français, et des
primes de départ payées d'avance.

· Elle sentoit, d'un côté, combien le commerce de Russie étoit utile à son port, qui
en tiroit des mâtures, des toiles à voiles, des
chanvres, du goudron, du brai, des plan-
ches, de la graine de lin et du fer, tandis
qu'il fournissoit en échange à la Russie de
l'indigo, des vins, des eaux-de-vie, des soieries et rubaneries de Tours, des chapeaux
communs et des sels; de l'autre côté, elle
sentoit les désavantages de sa position, et
elle pensoit qu'il ne falloit pas moins que ce
qu'elle demandoit, pour engager son commerce à diriger ses spéculations vers le nord,
et le mettre de niveau, pour cet objet, avec
les autres ports de l'Océan.

Les travaux immenses que le Gouvernement vient d'ordonner, peuvent ajouter beaucoup à la prospérité de cette place importante, et il est possible que le zèle éclairé de ses négocians qui se sont toujours distingués par le véritable esprit du grand commerce, trouve un débouché de plus dans la communication qui sera établie sur Saint-Malo. C'est une conjecture que je hazarde, et dont je désirerois la réalité; mais il faudroit mieux connoître les localités, et surtout les détails du grand plan qui s'exécute, pour donner plus de développement à cette idée.

Quels sont les produits industriels de la France qui conviennent à la Russie?

La réponse à cette question seroit très-étendue, si je voulois ne rien omettre des produits français qui conviennent à la Russie; elle seroit très-courte, si je ne rapportois que les marchandises françaises qui ont maintenant accès en Russie, ou celles qui n'en sont pas écartées par des droits égaux à une prohibition.

L'état de choses actuel ne peut pas durer; j'ai donc considéré les deux puissances, abstraction faite du défaut de leurs relations, en n'examinant que ce qui peut les intéresser l'une et l'autre, et les amener à des rapports réciproquement utiles à leur pays.

On verra par les détails qui vont suivre, que presque toutes les branches de l'industrie française ont un aussi grand intérêt à l'activité du commerce de Russie, que la Russie en a elle-même à se lier avec la France pour l'écoulement de ses produits.

Je vais placer, par ordre alphabétique, les produits dont la Russie offre un débouché à la France. Le nom du produit sera accompagné de celui des lieux qui le donnent, et j'y ajouterai quelquefois des observations, lorsque je jugerai qu'elles peuvent être avantageuses pour le commerce.

Acides minéraux. Paris, Montpellier et Rouen.

Alun de fabrique. Paris et Montpellier.

Anchois. Les départemens qui formoient la Provence et le Langudoc.

Angélique confite. Paris, Lyon, Avignon et Verdun.

Baracans, pour servir de dessus aux pelisses. Lille, Amiens, Valenciennes.

Bas. Voy. *Bonneterie.*

Basins. Troyes, Lyon, Toulouse, Chaillot, Bruxelles, Alençon.

Batistes et linons. Cet article est fort important pour Saint-Quentin en particulier. Autrefois cette ville envoyoit annuellement en Russie pour un million de batistes et de linons ; mais les Anglais, après avoir fait charger ces marchandises d'un droit additionnel, avoient trouvé le moyen de les donner à Pétersbourg à meilleur compte que les correspondans de la fabrique même. On auroit peine à croire et à expliquer un fait si extraordinaire, si l'on ne réfléchissoit qu'un des bénéfices essentiels du commerce est dans le transport. Nos batistes n'arrivoient à Pétersbourg que par des étrangers, et chargées des frais de deux ou trois commissions ; souvent le voyage se prolongeoit trop, et l'on manquoit le moment de la vente. Les Anglais, au contraire, s'assuroient le bénéfice de la commission en allant directement et plus vite ; ils gagnoient quelquefois moins, mais ils gagnoient sûrement, et ils faisoient quatre voyages, quand nous n'en avions fait que deux. Il faut que les batistes arrivent à Pétersbourg avant la fin de mars.

Bleu de Prusse et *bleu anglais.* Paris.

Bonneterie. C'est encore un des articles les plus intéressans pour le commerce de Russie. Ce pays est un excellent débouché pour la bonneterie de soie, de laine, de coton et de fil.

La première, surtout, y est fort recherchée. Paris, Lyon, Nismes, Montpellier, Ganges et Dourdan, peuvent y avoir des succès : mais Nismes, surtout à raison du bas prix de ses produits, a déjà en Russie des débouchés qui ne peuvent qu'augmenter avec l'activité du commerce général.

La bonneterie de laine convient aussi beaucoup à la Russie, et peut offrir des ventes importantes aux départemens de l'Aisne et de la Somme, et surtout à la fabrique du Santerre.

Rouen, Troyes, Arcis-sur-Aube, Sens, peuvent y envoyer quelques articles de leur bonneterie de coton, et les départemens du Nord et de Maine-et-Loire, quelques-uns de ceux de leur bonneterie de fil.

Café. Denrée coloniale.

Chapelerie. La chapelerie fine; quant à la commune, il faut qu'elle soit appropriée au goût et aux usages du pays, sans quoi elle ne trouveroit pas de vente.

Chocolat.

Confitures. Paris, Rouen, Tours, Orléans, Dijon, Sedan, Bordeaux, etc.

Corail travaillé pour ornemens et ajustemens.

Cotonnades. Velours de coton d'Amiens. Mousseline rayée de Rouen. Velours et draps de coton de Rouen. Les étoffes de coton de Rouen peuvent avoir un grand succès en Russie, pourvu qu'on les donne à un prix égal et même moindre que celui des étoffes de coton anglaises.

Coutellerie. Paris, Moulins, Langres, Châtellerault, Thiers, Lille, etc.

Crêpes. Lyon et Avignon.

Damas. Voy. *Soieries.*

Dentelles d'or et d'argent. Paris et Lyon.

Dentelles de soie. Fontenai, Puisieux, Louvre-en-Parisis, Saint-Denis, Montmorency, Gisors, etc.

Dentelles de fil. Lille, Anvers, Bruxelles, Malines, Louvain, Gand, Valenciennes, Charleville, Sedan, Besançon, Dieppe, le Havre, Caen, Arras, etc., etc.

Draperies. Les draperies fines d'Abbeville conviennent parfaitement aux Russes. Il est vrai que, depuis plus de trente ans, ils ne les ont pas recherchées ; mais cela tient unique-

ment à la tyrannie que les Anglais exe
sur le commerce russe. On désiroit tellen.
ces draperies à Pétersbourg, qu'il y en a eu u
demandées par des maisons anglaises qui son.
parvenues peu à peu à faire décroître ce commerce, en multipliant les obstacles et augm-
mentant les prix ; mais s'il étoit fait directement par des maisons françaises, il réussiroit.

Les draps de première qualité d'Elbeuf et
de Louviers seront préférés par les Russes
aux draps fins anglais ; cependant, jusqu'à
présent le commerce de ces deux villes a été
presque nul en Russie.

Les draperies légères de Languedoc, d'une
couleur tranchante, seroient également bien
accueillies, parce qu'elles seroient très-pro-
pres à être doublées avec des fourrures. Elles
conviendroient d'ailleurs beaucoup au voisinage de la mer Noire, où l'habit long de
drap a besoin d'être léger.

Eaux-de-vie. Bordeaux, La Rochelle,
Coignac, le département de la Charente,
l'île de Rhé, Orléans, Blois, Poitiers, Angers, Tours, Nantes, etc. Les eaux-de-
vie et esprits de Languedoc. Celles de ge-
nièvre, fabriquées à Calais et à Boulogne,
quoiqu'inférieures à celles de Hollande, pour-

roient avoir du succès en Russie et entrer
dans l'assortiment des cargaisons destinées à
cette puissance.

Fleurs artificielles. Paris et Lyon.

Fruits. Les fruits, quels qu'ils soient, sont
un bon article de commerce pour la Russie,
s'ils y arrivent sains et de bonne qualité. Les
poires surtout sont très-recherchées.

Les fruits secs et confits, les pâtes d'Auvergne, de Paris, de Rouen, etc., y sont
aussitôt vendus qu'arrivés.

Gants. Paris, Vendôme, Grenoble, Avignon, Blois, Montpellier, Grasse, etc.

Gazes. Il s'en fait une grande consommation en Russie, et les gazes françaises y
ont toujours été recherchées. Celles de Toulouse, si la manufacture subsiste encore,
conviendroient beaucoup à cause de leur
variété. Cette ville qui, par sa situation, est
réellement un centre de commerce, a obtenu
un entrepôt; mais elle n'a que peu de fabriques. Ses fabriques de soie avoient autrefois
l'avantage de n'employer que des soies du pays.

Nos gazes ont l'avantage d'être beaucoup
moins chères que les gazes anglaises.

Glaces. Excellent article de commerce
pour la Russie.

Horlogerie. Paris, Lyon, Genève, Besançon, etc.

Huile d'olive, des départemens des Bouches-du-Rhône, du Gard, du Var, etc.; article très-recherché et qui se vend bien au nord et au midi de la Russie.

Indigo. Denrée coloniale.

Laineries. Pannes et étoffes en laine de la ci-devant Picardie dont la fabrication seroit soignée. Lainages de Lille, Rouen et Montpellier.

Serges d'Aumale, Seignelay, Gournay, Auxerre, Sedan, Abbeville, Beauvais, etc.

Liqueurs. Il s'en fait une grande consommation en Russie. Les plus fortes sont préférées par toutes les classes indistinctement; celles de Montpellier et de Rouen seroient cependant très-recherchées à Pétersbourg.

Meubles. Ceux de Paris l'emporteront toujours en Russie sur ceux des autres nations. L'agrément de leurs formes, la perfection de leur construction, l'empire de la mode et leur prix modéré leur ont procuré un grand succès dans ce pays du nord. Ils y ont été constamment recherchés, même dans les temps où il étoit le plus difficile de s'en procurer.

Moquette. Lille, Tournay, Abbeville et Rouen.

Moutarde préparée. Paris, Dijon, etc.

Orfévrerie, joaillerie, bijouterie. Paris. Je n'indique ici que Paris, quoiqu'il y ait plusieurs autres villes où l'on s'occupe, avec succès, de l'orfévrerie. Mais comme Paris est la seule ville où ce commerce ait une très-grande importance, et que, d'ailleurs, on ne trouve nulle part des orfèvres plus habiles, des joailliers et des bijoutiers dont les ouvrages soient plus riches et plus élégans, Paris aura toujours un grand avantage dans cette espèce de commerce. La Russie lui offre un débouché important, parce qu'il y a peu de pays où il y ait plus de luxe et de plus grandes fortunes.

Papiers. Papiers à impression et à écrire d'Angoulème, Montargis, Annonay, etc. Papiers de tentures de Paris, Lyon, etc.

Parfumeries. Montpellier, Grasse, Lyon, Paris.

Porcelaines. Sèvres, Paris.

Rubanerie. Paris et Lyon, pour les rubans d'or et d'argent. Paris, Lyon, Tours, S. Etienne, S. Chaumont, pour les rubans de soie. Amiens, plusieurs lieux de la ci-devant Picardie, et S. Etienne, pour ceux de laine, de fleuret, de filoselle, de bourre de soie, et pour les galons de même matière, destinés à border les étoffes employées en meubles ou en habillemens. Ambert, pour les rubans de fil.

Soieries. J'ai déjà observé plus haut que la bonneterie en soie de Nismes devoit avoir beaucoup de succès en Russie. Il en est de même des petites étoffes de cette fabrique, à cause de leur bon marché. C'est un débouché d'autant plus précieux, que Nismes n'emploie que des matières nationales. Sa fabrique d'étoffes seule occasionnoit autrefois une consommation de quatre millions. La bonneterie en donnoit au moins six, dont moitié pour les bas du Pérou (1).

(1) Nismes est, sous tous les rapports, une des villes les plus intéressantes de l'empire Français. Cette cité, classique pour les sciences et les arts, s'est toujours distinguée par l'esprit et les lumières de ses habitans, autant que par l'activité de son industrie et de son commerce. On me saura gré de rapporter ici le *Tableau du produit annuel des manufactures et du commerce de Nismes*, extrait d'un excellent ouvrage, intitulé : *Topographie de la ville de Nismes et de sa banlieue*, par *Jean-César Vincens*. Nismes, de l'imprimerie de la veuve *Belle*, an x-1802, un vol. in-4°. de 588 pages.

Soieries de Lyon. C'est un article de commerce très-important pour le Nord et pour

Tableau du produit annuel des manufactures et du commerce de Nismes.

La fabrique d'étoffes occupant 2600 métiers, dont la fabrication moyenne revient, par an, à 1,875 liv.	4,875,000 *liv.*
La fabrique de bas, occupant 4000 métiers, dont la fabrication moyenne revient par an à 1,404 liv.	5,616,000
La fabrique de burats (la plus ancienne de toutes) fait 10,000 pièces par an, à 75 livres.	750,000
La rubanerie, 157,000 pièces, à 50 s.	392,000
La draperie, tant en gros qu'en détail.	2,500,000
La toilerie, dentelles et mercerie ne formant qu'un seul et même corps. . .	2,500,000
Le commerce de la soie autre que les fabriques.	2,000,000
Le commerce des bourres et filoselles. .	350,000
La droguerie, grains et graines. . .	2,100,000
La tannerie.	440,000
TOTAL.	21,523,500 *liv.*

Est-il beaucoup de villes du second ordre qui pussent offrir un pareil tableau de leur commerce et de leur industrie ? Que sera-ce donc, lorsque le canal de Beaucaire à Aigues-Mortes sera entièrement achevé ? et à quel point de prospérité s'élèveroit cette ville, si, comme cela est possible, elle obtenoit une communication immédiate avec ce canal ?

la Russie en particulier. Autrefois la fabrique de Lyon employoit annuellement dix-huit mille quintaux de soie. En estimant la livre de soie au prix moyen de vingt-quatre livres, on avoit une valeur de quarante-trois millions deux cent mille livres. On évaluoit annuellement les soieries fabriquées qui sortoient de Lyon, à soixante millions au moins. Ainsi, il restoit à peu près dix-sept millions de bénéfice industriel.

Mais les circonstances politiques et la mode ont fait déchoir la fabrique de Lyon de cet état de prospérité. Depuis que l'anglomanie s'est emparée des Français, et qu'à l'exemple des Anglaises, nos femmes ont adopté le blanc, Lyon a dû perdre considérablement, sans que, pour cela, nos toileries gagnassent en proportion. Les demandes multipliées firent renchérir la main-d'œuvre de cette industrie, et les Anglais qui avoient une quantité considérable de ces produits tout fabriqués, profitèrent des circonstances pour faire des gains immenses.

Lyon faisoit autrefois, en Russie, un grand commerce en étoffes or et argent et en soieries : mais ces marchandises passoient par terre à Lubeck, d'où elles étoient expédiées

pour la Russie; ou bien les Russes s'en fournissoient aux foires de Kœnigsberg et de
Leipzig. Ces relations très-importantes dimi-
nuèrent successivement, soit par suite d'un
changement de mode dont nous avions donné
l'exemple les premiers, soit par l'énormité
des droits imposés sur les produits de ces
fabriques en Russie, soit enfin à raison de la
fabrication vicieuse de quelques-unes de ces
étoffes. A l'époque de la révolution, cette
vente étoit déjà tombée en décadence, et on
l'évaluoit encore à cinq millions par an.

Mais la nature même du Gouvernement
russe, les richesses considérables d'un grand
nombre de ses sujets, la nécessité que les différentes classes éprouvent de se distinguer
les unes des autres à l'extérieur, promettent
toujours à Lyon un débouché avantageux de
ses étoffes en Russie. Les fabriques établies
à Pétersbourg et à Moscou, ne peuvent, de
long-temps, avoir un grand succès; nos soieries auront nécessairement la préférence,
si nous consultons le goût du pays, et si nous
évitons ce qui les renchérit sans nécessité.

En effet, cette dernière précaution pourroit donner une plus grande extension à ce
commerce. Le transport direct des produits

de l'industrie de Lyon par Lubeck, Kœnigsberg ou Leipzig, les charge de commissions
et de frais considérables. D'ailleurs, la Russie n'a point ou presque point de retours qui
conviennent à nos villes manufacturières.
D'un autre côté, Lyon et les autres villes manufacturières ne pouvoient diriger vers nos
ports les produits qu'elles destinoient à la
Russie, parce que nos ports négligeoient les
armemens pour ce commerce. Il falloit donc
de toute nécessité, que les Russes payassent
nos étoffes à un prix plus élevé et en argent,
ce qu'ils faisoient rarement, ou en lettres de
change sur Amsterdam et sur Londres. Or,
le change sur ces deux places étoit constamment au désavantage de la Russie de vingt
ou de vingt-cinq pour cent, ce qui renché-
rissoit encore d'autant nos étoffes, et devoit
contribuer à diminuer leur consommation.

Ces inconvéniens n'existeront plus, dès que le
commerce sentira l'importance des relations
directes avec la Russie, et que ceux de nos
ports auxquels les retours russes conviennent
le mieux, armeront pour cette contrée de l'Europe. Quel avantage pour Lyon, par exemple,
d'envoyer ses étoffes à Marseille, pour les faire
parvenir par la mer Noire, ou à Bordeaux,

qui a tant de retours à attendre de la Russie.

Soieries de Tours. Par Nantes.

Etoffes mi-soies, de Rouen.

Sucre. Denrée coloniale.

Taffetas. Lyon, Nismes, Avignon. Voy. *Soieries*.

Tapis. La Savonnerie, Aubusson, Beauvais, Rouen, Arras, Felletin, Tournai.

Tapisseries. C'est l'une des industries qui a eü le plus de succès en Russie. On vante beaucoup les produits de la manufacture de tapis et de tapisseries, établie à Pétersbourg. Cependant, malgré la beauté de quelques-uns des ouvrages qui en sortent, elle ne peut être comparée à notre inimitable manufacture des Gobelins, et même à celle de Beauvais, quand ses produits sont soignés. D'ailleurs, il est possible que nous livrions à plus bas prix, surtout nos tapis communs.

Toileries. Rouen, et le reste de la ci-devant Normandie, Cambrai, Courtrai, Arras, demi-hollande de Beauvais, Compiègne et Bulle, Saint-Quentin, Noyon, Péronne.

Platille de Cholet.

Mouchoirs, façon des Indes, de Cholet.

Velours. Gènes et Lyon. Voy. *Soieries*.

Verdet. Montpellier.

Verreries. Mont-Cénis et toutes les verreries de luxe.

Vins. L'un des articles les plus intéressans du commerce de la Russie. Tous les vins ne conviennent pas ; les vins de Bourgogne et de Champagne sont les plus recherchés ; viennent ensuite les vins de la Côte du Rhône, de Roussillon et de Bordeaux. Les vins d'Orléans et du ci-devant Anjou, pour vins d'ordinaire. Les muscats, de Lunel et de Frontignan.

Vinaigre. Orléans, Blois, Angers, Nantes, Paris.

Il s'en faut de beaucoup, sans doute, que j'aie épuisé dans cette nomenclature tous les objets qui peuvent convenir au commerce de Russie ; il me suffit d'avoir indiqué les plus essentiels.

Les négocians peuvent se convaincre, par cet état incomplet, de l'intérêt qu'ils ont à l'activité de ce commerce. Il est bien vrai qu'il eût été autrefois plus considérable, et que les Russes ont acquis quelques branches d'industrie depuis sa stagnation ; mais le succès de la plupart d'entr'elles est au moins très-équivoque, et ne peut servir qu'à faire illusion à ceux qui ont donné beaucoup pour les obtenir, et à appuyer les prétentions de ceux qui les ont vendues si cher. Je crois avoir démontré, dans la première partie de ce Mémoire, qu'il ne peut y avoir, dans l'état actuel des choses en Russie, aucun grand établissement qui puisse y prospérer, tant que le commerce intérieur y sera si peu actif et si mal ordonné, tant que la population n'y sera pas proportionnée aux besoins de la culture et à ceux de l'industrie.

Conclusion.

Il résulte de ce que j'ai dit, qu'il est aussi intéressant pour les Russes que pour les Français, que le commerce de la mer Noire soit ouvert à la France.

Que ces deux nations ne peuvent correspondre par trop de points, parce que la Russie a des retours très-utiles à la France, et qu'il n'y a pas de nation en Europe qui offre à la Russie plus d'objets d'échanges et à meilleur marché que la nation française.

Que le traité de 1787 auroit eu les suites les plus avantageuses pour le commerce français, s'il eût reçu sa pleine et entière exécution.

Que la domination commerciale des An-

glais ruine la Russie, tandis qu'elle s'enri-
chira nécessairement par ses relations avec
la France.

J'ignore ce que les circonstances politiques
peuvent amener ; mais je vois, au milieu de
la révolution salutaire qu'éprouve le continent de l'Europe, que la raison préside aux
délibérations des cabinets ; je vois qu'ils reçoivent le mouvement qui leur est imprimé
par un génie créateur à qui rien n'échappe,
et je suis convaincu qu'il fera, en faveur du
commerce, tout ce qu'il y aura de mieux à
faire.

Il est donc vraisemblable que les liaisons
commerciales que je désire, ne tarderont
pas à exister, et que le même génie qui a
sauvé la France, délivrera la Russie, par
son influence, de la tyrannie commerciale de
l'Angleterre.

Mais quels que soient les arrangemens
qu'on adopte, soit qu'on prenne pour base
le traité de 1787, soit qu'on en rédige un
nouveau, j'ose penser que les observations
suivantes ne seront pas inutiles au bien qu'on
se proposera d'opérer.

Le premier point à obtenir, c'est que nos
marchandises ne soient transportées que par

des navires français, ou réellement russes.

Il est également nécessaire que nous obtenions, comme les Anglais l'ont obtenu, que le collége de commerce connoisse exclusivement des affaires entre Français et Russes. C'est un moyen d'éviter les plaintes fondées du commerce français, et de faciliter ses recouvremens en Russie.

Il n'est pas moins important que les maisons françaises y soient plus multipliées. C'est une des premières mesures à prendre, si nous voulons donner de l'activité à nos liaisons, sans cela la crainte des retards dans les paiemens arrêtera les envois que nos fabricans pourroient faire; ils attendront que les demandes leur arrivent, et, pendant ce temps-là, nos rivaux solliciteront, préviendront et décrieront notre industrie.

Enfin, l'une des choses les plus précieuses pour nous dans le commerce de Russie, c'est, sans contredit, l'acquisition des munitions navales qu'elle peut nous fournir. Si ce commerce a l'activité qu'il doit avoir, si nous le dirigeons, en même temps, vers la mer Noire et la Baltique, nous parviendrons à solder ces approvisionnemens avec les produits de notre industrie. Mais ce résultat ne

peut s'attendre que du temps ; et, jusques-
là, ne seroit-il pas possible que le Gouvernement destinât des fonds annuels à payer
comptant les négocians qui feroient des retours de ce genre ? Les essais malheureux de
l'ancien Gouvernement ne permettent pas
de penser qu'on puisse employer, pour cet
objet, les bâtimens de la marine Impériale ;
il fut calculé et prouvé à Brest, que ce moyen
d'approvisionnement tripla le prix des mâtures qu'il procura. Il paroît donc plus sage
de charger le commerce seul de cette opération ; quand il n'y gagneroit que le fret,
il trouveroit encore ces retours avantageux. Ce seroit, d'ailleurs, un moyen puissant d'établir notre crédit en Russie, et
d'avoir ainsi, par préférence, des munitions
de choix.

FIN.

TABLE
DES MATIÈRES

CONTENUES DANS CE VOLUME.

Du Commerce de la Russie,

Et particulièrement de son commerce dans la Mer-Noire, et de ses relations commerciales avec la France. Situation physique et politique de la Russie pour le commerce, p. 215 et s.

Fin de la Table des matières.

www.ingramcontent.com/pod-product-compliance
Lightning Source LLC
Chambersburg PA
CBHW060116200326
41518CB00008B/835